11월의 모든 역사

한국사

한국사

11月

11월의 모든 역사

● 이종하 지음

디오네

매일매일 일어난 사건이 역사가 된다

역사란 무엇일까. 우리는 왜 역사에 관심을 갖는 것일까.

이 책을 쓰는 내내 머릿속을 맴돌던 질문이다.

아널드 토인비는 역사를 도전과 응전의 개념으로 설명한 바 있다. 그것은 인류사 전체를 아우르는 커다란 카테고리를 설명하기에는 더없이 좋은 개념이다. 그러나 미시적인 문제로 들어가면 이야기가 달라진다. 나일 강의 범람 때문에 이집트에서 태양력과 기하학, 건축술, 천문학이 발달하였다는 것은 도전과 응전으로 설명이 가능하지만, 예술사에서 보이는 사조의 뒤섞임과 되돌림은 그런 논리만으로는 설명이 안 된다.

사실 역사란 무엇인가에 대한 관심은 대학 시절 야학 교사로 역사 과목을 담당하면서 싹텄다. 교과서에 나와 있는 대로 강의를 하는 것은 죽은 교육 같았다. 살아 있는 역사를 강의해야 한다는 생각에 늘 고민이 깊었다. 야학이 문을 닫은 후에 뿌리역사문화연구회를 만든 것도 그런 고민을 해결하지 못했기 때문이다.

약 10년간 뿌리역사문화연구회를 이끌면서 '어린이와 청소년을 위한 교실 밖 역사 여행' '어린이 역사 탐험대'를 만들어 현장에서 어린이와 청소년을 만났다. 책으로 배우는 역사와 유적지의 냄새를 맡으며 배우는 역사는 느낌이 전혀 달랐다. 불이학교 등의 대안학교에서 한국사 강의를 맡았을 때도 그런 느낌은 피부로 와 닿았다.

그렇다고 역사를 현장에서만 접해야 한다는 것은 아니다. 역사 자체는 어차피 관념 속에 있는 것이며, 그것이 우리에게 구체적으로 구현되는 것은 기록을 통해서이기 때문이다. 역사는 과거이며, 그 과거는 기록으로 존재한다. 그러나 현재에 펼쳐진 과거의 기록은 현재를 해석하는 도구이고, 결국 미래를 향한다.

이 책은 매일매일 일어난 사건이 역사가 된다는 사실에 기초하여, 1월 1일부터 12월 31일까지 일어난 중요한 사건들을 날짜별로 기록한 것이다. 사건의 중요도에 따라 집필 분량을 달리하였으며, 『1월의 모든 역사 ─한국사』『1월의 모든 역사 ─세계사』처럼 매월 한국사와 세계사로 구분하였다. 1월부터 12월까지 총 24권에 걸쳐 국내외에서 일어난 중요한 역사적 사실들을 흥미진진하게 담았다.

이 책에 나와 있는 날짜는 태양력을 기준으로 하였다. 음력으로 기록된 사건이나 고대의 기록은 모두 현재 사용하는 태양력을 기준으로 환산하여 기술하였다. 고대나 중세의 사건 가운데에는 날짜가 불명확한 것도 존재한다. 그것들은 학계의 정설과 다수설에 따라 기술했음을 밝힌다.

수년에 걸친 작업이었지만 막상 책으로 엮으니 어설픈 부분이 적지 않게 눈에 들어온다. 앞으로 그것들은 차차 보완을 거쳐 이 시리즈만으로도 인류 역사의 대부분을 일견할 수 있도록 만들고 싶다.

이 책을 쓰다 보니 매일매일을 성실하게 노력하며 살아야겠다는 생각이 든다. 매일매일의 사건이 결국 역사가 되기 때문이다.

이종하

11月

차례

11월의
모든 역사

11월 1일

∎
∎
∎

668년 11월 1일

나당 연합군, 고구려를 멸망시키다

평양이 한 달 이상 포위당하니 보장왕이 남산으로 하여금 수령 98 명을 데리고 백기를 들고 가서 이적에게 항복하게 하였다. 이적은 예로써 이를 대하였다. 그러나 남건은 오히려 성문을 굳게 닫고 지키며 자주 군사를 내보내 싸웠으나 패하였다. 남건은 군사를 승려 신성에게 맡겼는데, 신성이 오사, 오묘 등과 몰래 사람을 이적에게 보내어 내응할 것을 청하였다. 그 뒤 5일에 신성이 성문을 열어 주자 이적이 군사를 놓아 성에 불을 지르니 남건이 스스로 자살하려고 했으나 죽지 않았다.

-김부식,『삼국사기』권 22

　1920년대 중국 낙양에서 천남생 · 천남산 · 천헌성 · 천비 등 고구려 장군이었던 연개소문 자손들의 묘지명이 잇달아 발견되었다. 묘지명이란 죽은 이의 이름, 신분, 경력 등을 새겨서 무덤 옆에 파묻는 돌에 적힌 글을 말한다.

　그런데 왜 고구려의 수도 평양이 아닌 당나라의 동쪽 수도였던 낙양에서 이것들이 출토되었을까? 그 이유는 너무나 간단하다. 고구려의 멸망으로 연개소문의 아들들이 중국으로 끌려갔기 때문이다. 그야말로 망국의 설움을 그대로 보여 주는 아픈 증거품이다. 더구나 많은 고구려인들이 중국에 합류했다는 사실을 들어 중국이 고구려사를 중국사의 일부라고 주장하는 것을 보면 현재까지도 그 후유증이 계속되고 있는 셈이다.

　수나라와 당나라의 끈질긴 공격에도 꿋꿋이 버티던 고구려는 666년 연개소문이 사망하면서 급격히 흔들리기 시작하였다. 고구려에 있어 연개소문의 부재는 강한 충격이었다. 구심점을 잃은 고구려는 마치 나침반을 잃어버린 항해자처럼 허둥거렸다. 무엇보다도 권력의 핵심인 연개소문의 아들들이 분열하면서 위기를 자초하였다.

　연개소문이 생전에 "너희들은 물과 고기처럼 화목해라."라고 그토록 아들들에게 강조했지만 이것도 다 소용없었다. 그들은 고구려 최고 관직인 막리지莫離支를 놓고 치열한 쟁탈전을 벌였다.

　처음에는 맏아들 남생이 막리지 직책을 순조롭게 계승하였다. 하지만 얼마 후 이간질에 넘어간 동생 남건이 지방 시찰을 갔던 남생을 몰아내고 막리지에 올랐다. 남생은 국내성에 들어가 농성을 하면서 아들 헌성을 당에 보내 투항할 뜻을 밝히고 구원을 요청하였다. 고구려 정벌이 숙원 사업이었던 당나라에 있어서 이것은 그야말로 '자다가 떡이 생긴 격'이었다.

당 고종은 당장 병력을 편성한 후 헌성을 길잡이로 삼아 고구려를 격파하고 남생을 맞이하였다. 한편 연개소문의 동생 연정토는 12성을 이끌고 신라에 항복하였다. 서로 힘을 합쳐도 모자랄 판에 이런 심각한 분열이 일어나니 고구려의 앞날이 밝을 리가 없었다.

667년 80세의 노장 이적이 이끄는 당나라군이 고구려 요동 방어의 요새였던 신성을 공격하였다. 성 안에서는 끝까지 결사 항전을 다짐하는 주전파와 항복하여 목숨을 보전하자는 투항파가 대립하고 있었다. 투항파는 주전파의 대표인 성주를 묶어 놓고 당에게 성문을 열어 주었다.

신성이 함락되자 주변의 16개 성도 도미노처럼 무너졌다. 남건이 구원군을 보냈지만 당나라 장수 설인귀에게 격파당하여 5만 명이 전사하고 말았다. 안시성에서도 3만 명의 고구려군이 당나라군을 공격하여 혼전을 벌였지만 패하고 말았다. 남건은 일단 압록강 일대의 험준함을 이용하여 당나라군의 진격을 막았다.

그러나 당은 이듬해인 668년부터 다시 요동 지방을 침략하기 시작하여 설인귀가 북부 지역의 부여성을 무너뜨렸다. 부여천 부근의 40여 개 성도 모두 저항 한 번 제대로 못해 보고 성을 내주었다. 가언충은 당 고종에게 다음과 같이 보고하였다.

"남생이 향도가 되어 고구려의 사정을 훤히 알 수 있고, 고구려의 비기에 '마땅히 여든의 장수에게 망할 것이다'라고 하였으니 이번 원정으로 고구려는 절대로 재기하지 못할 것입니다."

남건이 부여성을 구하고자 다시 5만 명을 보냈지만 설하수에서 이적의 군사를 만나 3만 명을 잃는 대패를 당하였다.

이렇게 당나라의 육군이 요동 지역을 휘젓는 동안 수군은 곽대봉의 인솔 아래 서해를 건너 평양으로 향하였다. 6월에는 당 고종이 유인궤를 보내 신라에도 병력을 요구하였다. 문무왕은 친히 20만 명의 대군을 이끌고 평양성으로 떠났다. 옛 백제 땅에 주둔했던 유인원도 당나라군을 이끌고 북으로 진격하였다.

이렇게 남북에서 압축기처럼 조여오자 후퇴한 고구려 군사들은 모두 평양성으로 몰려들어 최후의 일전을 준비하였다. 당나라군은 압록강에 병력을 집결시키고 곧장 평양성을 향해 말을 달렸다.

계필하력의 군사가 먼저 평양성에 이르고 신라의 김인문이 이끄는 병력도 도착해 평양성은 나당연합군에게 포위되었다. 이 상태로 자꾸만 시간이 흐르자 고구려는 더 이상 견디지 못하였다.

보장왕은 남산을 시켜 백기를 들고 항복하게 하였다. 그러나 남건은 더욱 성문을 굳게 닫고 당나라와 맞섰다. 이때 군사를 맡았던 승려 신성이 이적과 내통해 성문을 열어 주자 당나라 군사가 물밀듯이 들어왔다. 11월 1일의 일이었다. 이로써 수 · 당과 어깨를 나란히 하며 동북지역에 또 하나의 세계로 우뚝 섰던 고구려는 그 막을 내렸다.

그 후 당나라는 평양에 안동도호부를 설치하고 보장왕과 왕자들, 남건, 고구려인 20여만 명을 포로로 끌고 갔다.

* 662년 1월 23일 '고구려 연개소문, 당나라 군대 대파하다' 참조
* 668년 6월 21일 '신라 김유신, 고구려를 정벌하다' 참조
* 676년 4월 5일 '신라, 삼국을 통일하다' 참조

1908년 11월 1일

최남선, 최초의 월간종합지 『소년』 창간

1908년 11월 1일 최남선은 소년들을 계몽하고 새로운 지식을 보급하기 위해 우리나라 최초의 종합잡지 『소년』을 창간하였다. 처음에는 최남선 혼자 집필과 편집, 발행까지 도맡았다. 그러나 제3권 제2호부터는 개인잡지의 성격을 벗어나 이광수와 홍명희의 글도 실었다.

하지만 대중들의 잡지에 대한 관심은 낮았다. 이 때문에 창간호의 독자는 6명, 제2호는 14명, 8 · 9호까지는 30명이었으며, 1년이 지나도 독자의 수가 200명을 넘지 못하였다. 제3권 제8호 때 발매금지와 정간을 당한 뒤 3개월 만에 해금되어 속간되다가 1911년 5월 제4권 제2호(통권 23호)로 다시 발행이 정지되었다.

이 잡지는 근대적 형식을 갖춘 최초의 월간지로서 서구문학을 선구적으로 도입하였다. 또한 신문체를 개척하고 언문일치 문장을 처음으로 시도하였다는 점에서 높이 평가된다.

한편 『소년』 창간호에는 권두시로 최남선의 「해海에게서 소년에게」가 실렸다. 이 시는 민족의 희망찬 미래를 소년에게 기대하는 내용으로 최초의 신체시로 기록되었다. 총 6연으로 이루어져 있는 이 시는 계몽적 요소, 진부하고 미숙한 표현에도 불구하고 파격적인 형식과 내용의 건강성 등으로 인해 현대시의 새로운 장을 열었다고 평가받는다.

이 작품의 발표를 기념하여 1987년에 『소년』의 창간일인 11월 1일이 '시의 날'로 정해졌다.

* 1890년 4월 26일 '육당 최남선이 태어나다' 참조
* 1911년 5월 15일 '우리나라 최초의 잡지 『소년』 종간' 참조
* 1913년 9월 5일 '월간지 『아이들보이』 창간' 참조
* 1924년 3월 31일 '최남선, 「시대일보」 창간' 참조

1992년 11월 1일

시한부 종말론을 주장해 온 다미선교회 해체

1992년 11월 1일, '10 · 29 휴거론'으로 시한부 종말론을 주장하다 사회적 물의를 일으켰던 다미선교회가 해체됐다.

다미선교회 핵심 간부들은 이날 서울 마포구 성산동 선교회 건물에서 회의를 가진 뒤 선교회를 해체하고, 교인들은 원래 다녔던 기성종단으로 복귀시키며, 지부는 자율 운영에 맡기기로 결정했다고 전국 92개 지부에 통보했다.

다미선교회는 또 구속 중인 선교회 본부장 이장림 목사 이름으로 대국민사과문을 발표했다. 이는 앞선 10월 29일 그들이 주장한 휴거설이 거짓임이 드러나자 신도들의 불만과 사회적 비난이 거세짐에 따라 이같은 최종 결론을 내리게 된 것이다.

하지만 이장림은 다미선교회 휴거설이 빗나간 이후 또다시 '1995년 4월 16일 휴거설'을 주장해 물의를 빚기도 했다. 또한 휴거설 당시 그를 추종하던 사람 중 한 명이었던 목사 이만성은 "2011년 11월 15일 오전 3시 휴거된다."고 주장하고 나서 또 한 차례 휴거 소동이 일어나기도 하였다.

* 1992년 9월 24일 '다미선교회 이장림, 사기 혐의로 구속' 참조
* 1992년 10월 29일 '종말론 파동이 일어나다' 참조

—

1911년 11월 1일

일제, 압록강철교 준공

—

1911년 11월 1일 일제는 대륙 침략을 위해 조선과 만주를 잇는 압록강철교를 경의선에 연결시켜 건설하였다.

교량 건설공사는 2년 2개월이 걸렸으며 총 연장은 944m이다. 압록강을 가로질러 평안북도의 신의주와 중국의 단둥을 연결하는 이 철교는 교량 중간에 개폐식 장치를 설치하여 선박을 통과시켰다.

조선 초기 흉작에 따른 가난과 탐관오리의 폭정을 견디지 못한 사람들이 이곳을 통해 중국으로 이주한 바 있었다. 1905년 을사늑약 체결 후부터 1920년대까지는 주로 항일운동을 위한 정치적 망명이 이루어졌고, 그 이후에는 일제의 강제 이주 정책에 따른 이주가 대부분이었다.

1932년 통계에 의하면 보도통행자만도 연간 260만 명이었다. 하지만 1934년 11월부터 교량보존을 이유로 개폐를 중지하였다. 그리고 1945년 8월 15일 광복이 되자 그 기념으로 단 한 번만 열었다. 이어 1950년 한국전쟁 때 중국에 연결된 절반만 남기고 파괴되었다. 그래서 압록강 단교斷橋라고도 불린다.

1990년 북한과 중국 양국 간의 합의에 따라 조중우의교朝中友誼橋로 개칭되었다.

11월의
모든 역사

11월 2일

1274년 11월 2일

고려와 원나라 연합군, 제1차 일본 정벌에 나서다

-「몽고습래회사蒙古襲來繪詞」

고려와 원나라 연합군의 화살과 폭탄에 맞는 일본의 사무라이. 당시 일본 영주였던 스에나가가 자신의 활약상을 알리기 위해 그린 그림이다.

　가미카제 특공대는 이름만 들어도 소름 끼치는 태평양전쟁 당시 일본 자폭돌격대의 이름이다. 전쟁에 불리해진 일제가 젊은 청년들을 충동질하여 폭탄을 실은 비행기를 몰고 직접 미군 군함에 돌진하도록 한 것이었다. 전쟁이란 이렇게 잔인하고 비극적이다.

　본래 '가미카제'란 '신풍神風'을 뜻한다. 고려와 몽골의 연합군이 일본을 공격할 때마다 태풍이 불어 이들을 격퇴한 것에서 생겨났다. 결국 '가미카제 특공대'라는 이름에는 '신풍'처럼 미국의 함대를 격침시키기를 바라는 마음이 담겨 있었던 것이다. 물론 현대의 군함 앞에서는 '신풍'은 '허풍'에 지나지 않는다. 그러나 13세기 재래식 함대에게 '신풍'은 가히 '핵폭풍'이나 마찬가지였다.

　칭기즈칸이 세력을 펼치기 시작하면서 몽골은 유럽과 아시아에 걸쳐 세계 각지를 정복하였다. 손자 쿠빌라이가 집권하였을 때는 동아시아에서 남송과 일본만이 아직 몽골에 굴복하지 않고 있었다. 원나라로 국호를 바꾼 몽골의 최대 숙제는 남송을 정벌하여 중국을 석권하는 일이었다.

　하지만 후방에서 남송과 꾸준히 교류하고 있는 일본이 몽골로선 매우 꺼림칙했다. 그래서 우선 일본을 평화적으로 복속시키기 위해 1266년 초유사招諭使를 보냈다. 이때 몽골은 고려에 일본의 길 안내를 비롯해 긴밀한 협력을 요구하였다. 이는 고려로서는 아주 난감한 문제였다. 일이 잘되면 모를까, 그렇지 않으면 고려 역시도 전쟁에 휘말릴 것이 불을 보듯 뻔했기 때문이다.

　고려에서는 이것을 빌미로 몽골과 단교를 하자는 극단론까지 나왔다. 하지만 문신 이장용을 중심으로 소극적이나마 몽골의 요구에 응하자는 의견이 대세였다. 이에 김찬과 송군비 등이 몽골의 사신을 호송하였으나 거제도에서 파도가 거세 되돌아왔다. 이듬해에도 몽골의 압력으로 고려는 반부 등에게 몽골과 고려의 국서를 들려 일본에 보냈으나 아무런 회답도 받지 못하였다.

분노한 쿠빌라이는 고려의 성의 없음을 질책하며 배 1,000척과 곡식 4,000섬을 준비하라고 하였다. 이후로도 몽골과 고려는 여러 차례 일본에 사신들을 파견했지만 억류되거나 피살되어 성과를 거두지 못했다.

세계의 대제국을 자처하는 원나라가 이 사태를 그냥 넘길 리 만무했다. 일본을 정벌하기로 결심한 몽골은 고려에 둔전경략사를 설치하고 군량과 선박, 군사 등을 마련하도록 강요하였다. 그동안 몽골과의 전쟁으로 지칠 대로 지쳐있던 고려로서는 죽을 맛이었다.

그런데 이때 돌발사태가 일어났다. 개경 환도에 불만을 품은 삼별초가 들고 일어나 남해의 섬들을 점령하고 몽골군을 괴롭혔던 것이다. 이로 인해 몽골의 일본 정벌은 늦춰질 수밖에 없었다.

1273년 삼별초의 항쟁을 진압한 고려와 몽골은 이듬해인 1274년 7월, 일본 정벌을 위한 모든 준비를 마쳤다. 그러나 원종의 죽음으로 상을 치르느라 새로 즉위한 충렬왕은 금방 군사를 일으킬 수가 없었다. 이에 따라 여원연합군은 11월이 되어서야 지금의 마산지역인 합포에 집결하였다.

연합군은 원나라의 도원수 홀돈과 부원수 홍다구가 지휘하는 몽한군 2만 5,000명과 고려도독사 김방경이 통솔하는 고려군 8,000명 및 뱃사공·수리공 등 6,700명, 900여 척의 함선 등 대규모 부대로 편성되었다.

드디어 11월 2일 여원연합군은 합포를 출항해 이틀간의 항해 끝에 대마도의 사스나를 점령하였다. 이로부터 열흘 정도 후에는 이키 섬을 침공하여 1,000여 명을 죽였다. 이어 20일에는 하카다 만에 도착하여 본토에 대한 상륙을 시도하였다.

이곳에서는 일본군의 저항이 제법 강했지만 몽골의 집단 전투에는 당해낼 수가 없었다. 천지가 떠나갈 듯한 요란한 북소리와 함성에 일본의 무사들은 당황하고 말들은 놀라 날뛰었다. 고려군도 홀돈이 경탄할 만큼 용감하게 싸워 왜군을 삼랑포에서 격파하였다. 결국 왜군은 대재부로 후퇴하였다.

이를 보고 홀돈은 김방경의 만류에도 불구하고 적의 야습을 두려워하여 연합군을 전함으로 철수시켰다. 그런데 날이 밝은 이튿날, 하카다 만에 정박했던 연합군의 수많은 병선들이 감쪽같이 사라졌다. 간밤에 몰아친 폭풍우가 이들을 사정없이 바닷속으로 밀어 넣은 것이다. 그나마 무사한 전함과 병사들을 수습하여 돌아가는 길만이 최선이었다.

합포에 도착하여 인원을 세어보니 1만 3,500명이 돌아오지 못하였다. 일본은 가만히 앉아서 태풍의 힘으로 연합군을 물리친 셈이었다. 이것을 일본에서는 당시의 연호를 따서 ‘분에이의 역’이라 부른다. 결국 여원연합군의 제1차 일본 정벌은 실패로 돌아갔다.

이후 절치부심하던 원나라는 1281년 5월 3일에 고려군과 함께 제2차 일본 정벌에 나섰다. 하지만 이때에도 태풍과 전염병이라는 복병을 만나 막대한 손실을 입고 철수하고 말았다.

* 1281년 5월 3일 ‘고려군과 원나라 연합군, 제2차 일본 정벌’ 참조

1434년 11월 2일

조선의 세종, 해시계 앙부일구를 설치하다

무지한 남녀들이 시각에 어두우므로 앙부일구를 만들고 그 안에 시신時神
을 그렸으니, 대저 무지한 자로 하여금 보고 시각을 알게 하고자 함이다.

-『세종실록』

1434년 11월 2일 조선의 세종이 글을 모르는 백성을 위해 시각에 짐
승의 그림을 그려 넣은 우리나라 최초의 공중시계를 만들었다. 시계판
이 가마솥 같이 오목하고 이 솥이 하늘을 우러르고 있다고 해서, '앙부
일구仰釜日晷'란 이름으로 불렸다.

앙부일구는 영침의 해 그림자가 가리키는 곳을 통하여 그때의 절기
와 시간을 알 수 있는 오목 해시계이다. 특히 글자를 모르는 백성을 위
하여 12지신상의 시신을 글자 대신 새긴 점이 돋보인다.

앙부일구는 많은 사람들이 볼 수 있도록 그것을 번화한 길가에 두었
다는 기록이 남아 있다. 서울의 혜정교와 종묘 남쪽 거리에 각각 대를
쌓고 그 위에 설치하였다. 그런데 이때 만들어진 앙부일구는 임진왜란
을 겪으면서 유실되었다.

그로부터 2~3세기 후에 전의 것과 같은 제작 기법으로 앙부일구를
만들었다. 이것은 1985년 8월에 보물 제845호로 지정되었으며, 2012년
현재 국립고궁박물관에서 관리하고 있다.

1968년 11월 2일

울진·삼척에 무장공비 출현

1968년 10월 30일부터 11월 2일까지 사흘에 걸쳐 북한 무장공비들이 침투하였다. 이들은 북한 124군 부대 소속으로, 100여 명이나 되는 인원이 울진 · 삼척에 침투하였다. 그곳에서 양민을 학살하는 등 만행을 저질러 군경과 민간인 70여 명이 사상하였다.

무장공비들은 군복, 신사복, 등산복 등으로 위장한 채 15명씩 조를 편성하고 게릴라전을 펼쳤다. 침투한 무장공비들은 11월 3일 새벽, 이 지역 주민들을 모아놓고 남자는 남로당, 여자는 여성동맹에 가입하라고 총검으로 위협했다. 그리고 주민들이 공포에 질려 머뭇거리자 대검으로 찌르는 등 만행을 저지르고 늦게 도착한 주민은 돌로 머리를 쳐서 죽이기도 하였다.

군인과 경찰은 주민들의 잇따른 신고를 받고 본격적인 토벌 작전에 착수하였다. 12월 28일까지 약 2개월간 이루어진 작전 결과, 113명을 사살하고 7명을 생포함으로써 침투한 무장공비를 모두 소탕하였다.

북한은 울진 · 삼척에 무장공비를 침투시켜 우리나라의 산악지대와 농촌에서의 게릴라 활동 가능성을 탐색해 본 것으로 추정되었다.

우리나라는 북한에 책임자 처벌과 시인, 사과, 재발 방지를 요구했으나 북한 당국은 오히려 박정희 정권을 반대하는 청년들이 일으킨 반정부 무장봉기라고 주장하였다.

1981년 11월 2일

서울 올림픽 조직위원회 구성

1981년 11월 2일 서울 올림픽의 준비 및 운영을 효과적으로 수행하기 위한 재단법인 서울 올림픽 조직위원회sLoC가 구성되었다. 이날 세종문화회관에서 정주영 외 28인을 발기인으로 하여 총회가 개최됨으로써 서울 올림픽 준비를 위한 막이 올랐다.

위원회는 올림픽의 조직 운영과 재원조달 및 집행, 올림픽을 효과적으로 수행하기 위한 업무를 담당하였다. 그리고 그해 11월 25일 설립 인가를 받았다.

위원회는 올림픽이 끝나고 1989년 4월 3일에 해산하였다. 초대 위원장은 김용식, 2대는 노태우가 맡았고, 3대 위원장은 박세직이 맡아 해산 직전까지 운영하였다.

1988년 11월 2일

원자력병원에서 치료용 방사성 원소 분실사고 발생

1988년 11월 2일 서울 노원구에 위치한 한국에너지연구소 부설 한국원자력병원에서 암 치료용 방사선 동위원소 선원線源 8개가 유출되었다.

분실된 방사성 동위원소는 자궁암 치료용 세슘(Cs-137) 동위원소 17개, 구강암과 자궁경부암 치료용 이리듐(Ir-192) 동위원소 292개 등 모두 39개였다. 방사성 원소는 일반인이 장시간 안전장치 없이 소지할 경우 방사능에 오염될 위험이 커 특별 관리되는 물질이다.

성냥개비 굵기만한 길이 2cm 가량의 이 방사선 동위원소는 11월 30일 낮 1시경 이 병원 치료방사선기사에 의해 본관 지하 1층 치료방사선과 앞 화장실 좌변기 속에서 발견되었다.

11월의
모든 역사

11월 3일

■
·
■

1929년 11월 3일

광주 학생 운동이 일어나다

"나는 피가 머리로 역류하는 분노를 느꼈다. 가뜩이나 그놈들과는 한차로 통학을 하면서도 민족감정으로 서로 멸시하고 혐오하며 지내온 터인데, 그자들이 우리 여학생을 희롱하였으니 나로서는 당연한 감정적인 충격이었다. 더구나 박기옥은 나의 사촌누님이었으니 나의 분노는 더하였다. (……) 더구나 '센징'이란 말이 얼마나 우리 민족을 모욕하는 말인가? 일인 교사들이나 지각없는 일인들 입에서 불시에 튀어나오던 이 비칭에 대하여 평소 나는 어린 마음에도 앙심을 먹고 있었다."

-박준채, 『신동아』 1969년 9월호

우리 사회에서 '광주光州'라는 이름은 가슴을 뭉클하게 하는 그 무엇이다. 그곳은 '저항과 인권의 도시'이자 '민주화의 성지'라는 각별한 의미를 지니고 있다. 이 땅에 압제와 독재가 횡행할 때면 언제나 그에 맞서 투쟁을 벌여왔기 때문이다.

가깝게는 1980년 '광주 민주화 운동'이 아직도 그 열기를 내뿜고 있고, 멀리는 1929년 일제에 항거했던 '광주 학생 운동'이 우리의 혈기를 자극한다. 우리는 매년 11월 3일을 '학생의 날'로 지정해 기념하고 있는데, 이것은 바로 '광주학생운동'의 숭고한 정신을 기리기 위한 것이다.

때는 1929년 10월 30일 오후 5시 반경이었다. 광주에서 통학생을 싣고 달려온 열차 한 대가 나주역에 도착하였다. 기차에서 내린 학생들은 삼삼오오 짝을 지어 개찰구를 빠져나가기 시작했다.

이때 광주중학교에 재학 중이던 일본의 후쿠다와 다나카 등이 광주여자고보 3학년인 박기옥과 이광춘 등의 댕기머리를 잡아당기며 '센징'이라고 모욕을 가하였다. '센징'은 '조선인'이라는 뜻이지만 아주 경멸적인 뜻으로 사용되고 있었다. 이들은 이미 기차 안에서 이 여학생들을 실컷 희롱했었는데, 차에서 내려서까지도 계속 그 짓을 멈추지 않았던 것이다. 여학생들은 항거도 못하고 마냥 어쩔 줄 모르는데, 마침 광주고보에 다니던 박기옥의 사촌동생 박준채가 이 장면을 목격하였다.

그는 피가 거꾸로 솟아오르는 분노를 가까스로 억누르며 후쿠다를 개찰구 밖 역전광장에 불러 세웠다. 그리고 점잖게 "어이, 후꾸다, 너는 명색이 중학생인 녀석이 야비하게 여학생을 희롱하냐?"며 훈계했다.

하지만 후꾸다는 "뭐라고? 이 센징놈이 뭐라고 까부는 거야." 하며 오히려 대들었다. '센징'이란 말이 떨어지기가 무섭게 박준채의 주먹은 후꾸다의 얼굴을 가격하였다.

이를 시작으로 역 광장에서는 조선과 일본의 학생들 사이에 패싸움이 크게 벌어졌다. 하지만 역전파출소의 일본 순사는 일방적으로 일본 학생들을 편들며 박준채의 따귀를 때렸다.

나주 역에서의 충돌 이후 며칠 동안 긴장이 흐르다가 드디어 11월 3일, 그동안 광주 학생들의 가슴에 쌓이고 쌓였던 울분이 폭발했다. 이날은 당시 일본의 4대 국경일 중 하나인 메이지절이었고 또 공교롭게도 음력 10월 3일 우리나라의 개천절이기도 했다. 한마디로 우리 민족에겐 희비가 교차되는 날이었다.

일제는 이날이 일요일인데도 학생들을 소집하여 메이지절 기념식을 거행하였다. 민족의 경축일인 개천절은 기념하지 못하면서 일본 천황의 생일을 축하한다는 사실에 학생들은 몹시 침통해하고 이를 악물었다. 이들은 일본 국가를 따라 부르지도 않았으며 누구 하나 신사에 참배하러 가지도 않았다.

학교에서 기념식을 마치고 시내로 나온 학생들은 그 일부가 「광주일보」사로 몰려가 윤전기에 모래를 끼얹어 버렸다. 한일 학생 간의 충돌을 다루면서 일본 학생들에게만 유리하게 보도한 것에 대한 엄중한 항의였다.

한편 신사참배를 마치고 돌아오던 일본인 광주중학생이 광주고보생 최쌍현을 단도로 찔러 다시 한일 학생들 사이에 집단 난투극이 벌어졌다. 광주고보생들은 광주역으로 도망가는 일본인 학생들을 뒤쫓아 닥치는 대로 이들을 두드려 팼다.

이에 광주중학 기숙사생들이 단도와 목검을 들고 '조센징 타도'를 외치며 광주역으로 달려왔고, 우리 측에서도 시내를 배회하던 광주고보와 광주농교 학생들이 소문을 듣고 역전으로 모여들어 이곳은 일대 아수라장으로 돌변했다.

양측의 학생 수는 서로 200명 안팎으로 비슷했지만 식민지의 설움으로 분노가 들끓던 우리 학생들에게 일본 학생들은 고양이 앞의 생쥐였다. 광주경찰서는 급히 경찰대와 기마대, 소방대까지 동원해 일본 학생들을 추격하는 한국 학생들을 막았다.

할 수 없이 학생들은 일단 학교로 돌아와 강당에 모여서 앞으로의 대책을 논의하였다. 이들은 "우리의 적은 일본인 학생이 아니라 일본제국주의가 문제의 본질이다."라며 가두시위에 나서기로 결정했다. 즉 투쟁대상이 일제로 바뀌며 학생들의 봉기는 독립운동으로 발전한 것이다.

오후 1시경, 학생들은 시위대를 조직해 다시 시내로 나가 "조선독립만세" 등을 외치며 길거리를 행진했다. 이때 시민들까지 가세하여 시위 군중이 3만 명에 달하였다. 학생들은 두 번에 걸쳐 광주중학교를 습격했지만 일본경찰의 강력한 방어에 막혀 실패했다.

이날의 시위에 크게 당황한 일제는 휴교령을 내리는 한편 사건 관련자들을 대대적으로 검거하였다. 학생들은 여기에 굴하지 않고 12일에 다시 2차 시위를 벌이는 등, 3개월에 걸쳐 끈질기게 투쟁하였다.

그리하여 차츰 입소문을 통해 이 사실이 주위로 퍼져 나가자 삽시간에 전국은 학생운동의 물결로 넘실거렸다. 총 194개교에서 5만 4,000여 명의 학생이 시위에 참여하였다. 이는 '3 · 1 운동' 이후 최대의 학생운동이었다.

* 1929년 10월 30일 '광주 학생 운동의 발단이 된 나주역 사건이 일어나다'
   참조

1893년 11월 3일

우리나라 최초의 고딕성당인 중림동 약현성당 준공

조선의 천주교는 1831년에 중국 북경교구로부터 조선교구로 독립하였다. 이후 1886년 5월에 한불수호조약이 조인됨에 따라 기독교 선교활동의 자유가 보장되었고 이에 천주교 교세는 크게 확장되었다.

당시 서울권에서 이루어지는 천주교 관련 건축 설계와 감독에 주도적인 역할을 하였던 프랑스 신부는 두세였다. 그는 1892년 6월 외부공사를 시작으로 바닥공사를 거쳐 이듬해인 1893년 11월 3일 우리나라 최초의 서양식 성당인 약현성당을 준공하였다.

1886년 이래 서울 서소문 밖 약현에 강당을 짓고 천주교 신자들에게 교리를 교육하던 장소에 약현성당이 들어서게 된 것이다. 이 장소에 성당을 세운 것은 이유가 있다. 중국 북경에 들어가 서양인 신부로부터 한국인 최초로 영세를 받은 이승훈의 집이 이곳과 인접한 곳에 있었고, 신유박해 · 기해박해 · 병인박해 등 천주교 수난 때에 44명의 천주교도들이 이곳에서 가까운 서소문 밖에서 순교하였기 때문이다.

약현성당은 고딕 · 로마네스크 양식의 지상 1층 건물로 프랑스 신부 코스트가 설계하였으며, 고딕 계통의 아담하고 번잡스러운 장식이 없으며 장중하다.

1977년 11월 22일에 사적 제252호로 지정되었으며, 2012년 현재에는 중림동 성당으로 불린다.

* 1898년 5월 29일 '명동성당 준공' 참조

—

1974년 11월 3일

서울 대왕코너 화재 발생

—

1974년 11월 3일 새벽, 서울 청량리 대왕코너 6층에 있는 브라운호텔 복도 천장에서 전기합선으로 인해 화재가 발생하였다. 이 불은 순식간에 호텔방과 같은 층에 있는 나이트클럽으로 번졌다.

화재 사실을 알게 된 나이트클럽 손님 200여 명이 피신하기 위해 하나밖에 없는 회전식 출입문 쪽으로 한꺼번에 몰렸다. 이 바람에 나이트클럽은 순식간에 아수라장이 되었다. 게다가 클럽 종업원들은 "술값을 내라"며 입구를 막았다.

결국 이 화재로 88명이 숨지고 35명이 부상하였다. 이는 2년 전인 1971년 8월 5일 대왕분식센터의 프로판가스가 폭발하면서 발생한 화재에 이은 두 번째 화재였다. 또한 대연각 호텔에서 발생한 화재로 인해 165명이 사망한 것에 이은 두 번째 대형 화재 참사였다.

하지만 이듬해인 1975년 10월에도 대왕코너에서 화재가 발생해 대왕코너는 1970년대 대형 화재의 온상이라 불렸다.

* 1971년 12월 25일 '대연각 호텔 화재 발생' 참조

2011년 11월 3일

산악인 박영석 원정대 영결식 거행

2011년 10월 산악인 박영석은 8,091m 높이의 히말라야 안나푸르나 남벽에 새로운 루트를 개척하기 위해 원정대를 이끌고 네팔로 떠났다. 히말라야의 안나푸르나 남벽은 8,850m의 에베레스트 남서벽, 8,516m 의 로체 남벽과 함께 세계 3대 난벽으로 꼽히는 루트이다.

하지만 그는 10월 18일 등반 도중 6,500m 지점에서 통신이 두절되며 실종되었다.

박영석은 1963년 11월 2일 서울에서 태어났다. 그는 동국대학교 체육교육학과에 입학해 교내 산악동아리 동국산악회의 회원으로 활동하면서 1989년 7,025m 높이의 네팔 랑탕리룽에 도전해 세계 최초로 동계 기간에 등반하는 기록을 세웠다.

또한 1993년에는 히말라야 에베레스트 산을 우리나라 최초로 무산소 등정에 성공한 것을 시작으로, 그해 1년간 히말라야 산맥 8,000m급의 6개 봉우리를 등정하였다.

이후 그는 히말라야 고산 등반에 주력해 2001년 8,611m의 K2 등정에 성공함으로써 우리나라 산악인 최초로 8,000m급의 거봉 14좌座 완등이라는 기록을 세웠다.

2004년에는 남극점 도보 탐험에 성공했고 2005년에는 북극점을 정복해 세계 최초로 지구의 3극점(북극점, 남극점, 에베레스트 산)과 히말라야 14좌, 7대륙 최고봉을 모두 등반하는 산악 그랜드 슬램을 달성하였다.

2009년에는 에베레스트에서 가장 험난한 코스로 평가되는 남서벽에 대원 5명과 함께 소수의 원정대로 새로운 루트를 개척하여 '코리안루트'라는 이름을 붙였다.

하지만 이런 화려한 경력에도 불구하고 박영석은 히말라야 안나푸르나 남벽에서 실종되었던 것이다. 수색을 계속 하였지만 박영석 원정대의 자취를 찾을 수 없었다.

결국 수색대와 유족은 10월 30일 안나푸르나의 베이스캠프에서 위령제를 올렸고, 11월 3일에는 서울대병원 장례식장에서 '첫 산악인장葬'으로 박영석 대장, 신동민 대원, 강기석 대원의 합동 영결식을 거행하였다.

* 1983년 10월 22일 '산악인 허영호, 마나슬루봉 단독 등정 성공' 참조

* 2004년 5월 5일 '산악인 엄홍길, 히말라야 8,000m급 15좌 정복 성공'
  참조

11월의
모든 역사

11월 4일

1993년 11월 4일

조계종 종정 성철이 입적하다

"마음의 눈을 바로 뜨고 그 실상을 바로 보면 산은 산이요, 물은
물이로다."

-성철

　　과학이 발달하면 할수록 종교는 그만큼 세력이 약화될 것이라고 누구나 한번쯤은 생각했음 직하다. 그러나 최근의 통계를 보면 실제로는 전혀 예상과 다르다. 2011년 말 조사 결과에 따르면, 현재 종교를 가진 한국인은 53%로 1998년 이후 무교도의 숫자를 추월하기 시작하였다.

　　우리나라에는 여러 종교가 있지만 불교와 개신교, 천주교가 솥의 세 발처럼 이른바 '황금의 트라이앵글'을 이루어 종교의 천국으로 불리고 있다. 이 중 불교는 그 깊은 역사만큼이나 숱한 고승들을 배출하였는데, 성철은 단연 현대사가 배출한 불교계의 최고 스타였다.

　　성철의 세속명은 이영주이다. 그는 1912년 경남 산청에서 이상언의 장남으로 태어났다. 어려서부터 한학을 배우고 책읽기를 좋아해 동서 고금의 명저들을 두루 섭렵하였다.

　　1930년 진주중학을 졸업한 후 삶의 근원에 대해 고민하던 그는『신심명』과『증도가』를 읽고 지리산 대원사에 들어가 수행을 시작했다. 이때 머리도 길고 옷차림도 속세 그대로인데다 결혼까지 하여 본사인 해인사에선 기인이 나타났다고 수군거렸다. 그러다가 1935년 해인사에서 승려 하동산을 만나 그를 은사로 출가하였다.

　　출가 3년 만에 동화사에서 깨달음을 얻은 성철은 팔공산 파계사 등 여러 선방을 돌아다니며 8년간 '장좌불와長坐不臥'에 열중했는데, 이것은 눕지도 자지도 않는 고달픈 수행이었다. 1947년에는 봉암사에서 청담 등과 침체된 선법을 부흥하고자 결사를 조직하니, 후일 한국의 불교를 움직일 인재들이 이곳에서 대거 배출되었다.

　　1950년대 불교계 정화운동에도 참여했던 성철은 사찰의 재산을 모두 사회에 기부하고 승려는 수행에나 힘쓰자고 주장했다. 하지만 이 제안이 받아들여지지 않자, 1955년 파계사 성전암에 들어가 철조망을 두

르고 10년 동안 출입을 금하며 불경 연구에 몰두하였다.

1965년에 성전암을 나온 성철은 김용사에서 처음 대중들에게 설법을 행하였다. 이듬해 자운의 설득으로 자신이 출가했던 해인사로 거처를 옮겼고, 마침내 1967년에 그곳의 초대 방장으로 취임하였다.

성철은 한국전쟁이 끝난 후 천제굴이라는 토굴을 지어 수행을 하면서 처음으로 신도들에게 삼천배를 시킨 적이 있었다. 그 후 이것은 나이와 지위를 불문하고 그를 만나기 위해선 반드시 거쳐야 하는 통과의례가 되었다.

1977년 구마고속도로 개통식을 마치고 돌아가던 박정희 대통령이 해인사를 들르게 되었다. 주지는 방장인 성철에게 영접을 요청했으나 "나는 산에 사는 중이다. 대통령을 만날 일이 없다."며 뿌리쳤다. 차마 일국의 대통령에게까지 삼천배를 시킬 수는 없어 그런 식으로 원칙을 지켜낸 것이다.

1980년 전두환 정권은 사회정화라는 구실로 조계종 총무원과 전국의 주요 사찰에 계엄군을 투입해 승려들을 대거 연행하는 '10 · 27 법난'을 일으켰다. 이는 현대 한국 불교사에 가장 치욕적인 사건으로 꼽히고 있다. 불교계는 이런 위기를 극복하기 위해 원로회의에서 만장일치로 성철을 6대 종정으로 선출했다.

성철은 수차례 마다했지만 결국 "내 이름을 빌려 주어 불교가 되살아난다면 기꺼이 응하겠다."며 수락했다. 성철은 이때 취임 법어로 그 유명한 "산은 산이요, 물은 물이로다."를 토해냈는데, 이는 중국 운문선사의 "山卽山 水卽水 東山水上行"에서 따온 것이다. 이 법어는 지금까지도 널리 유행하고 있다.

성철은 또 『선문정로』라는 저서에서 그간 정설로 여겨져 온 지눌의

'돈오점수頓悟漸修'를 강하게 비판하고 '돈오돈수頓悟頓修'를 주장해 커다란 파문을 일으켰다. 이른바 '돈점논쟁'이 불교계를 강타한 것이다. '돈오 점수'가 갑자기 깨달은 후에도 점차로 닦아야 한다는 것이라면 '돈오돈 수'는 깨닫는 순간 단번에 모든 것이 닦아졌다는 뜻이다.

성철은 지눌을 한국 불교를 망친 인물로 거세게 몰아치며 깨달음은 지 독하게 화끈한 한방으로 끝나야 한다고 주장했다. 돈오점수는 깨달음을 단번에 얻지 못한 사람들을 위한 하나의 방편이라는 것이다.

1991년 성철은 다시 7대 조계종 종정으로 재추대되었다. 그러나 '가야 산 호랑이'로 소문났던 그도 나이를 속일 수는 없었다. 언제부터인지 그 의 걸음걸이에는 더욱 힘이 빠지고 호흡은 가빠졌다. 그러더니 1993년 11월 4일 제자들에게 "참선 잘하거라."는 말을 마지막으로 입적하였다.

일주일쯤 지나 성철의 다비식이 거행되었는데, 스산하게 비가 뿌리 는 가운데에서도 전국에서 수천 명의 승려와 수십 만의 신도들이 몰려 들어 해인사는 창건 후 가장 많은 손님을 맞았다. 성철에게선 100여 과 가 훨씬 넘는 사리가 수습되었다.

성철의 입적은 10여 일 동안 우리나라의 온갖 매스컴을 달구었는데, "성철의 입적이 10년 포교의 성과를 거두었다."고 할 정도였다.

* 1980년 10월 27일 '10 · 27 법난이 일어나다' 참조

—

1973년 11월 4일

한국동굴학회, 충북 단양 고수동굴에서 신석기시대 추정 음각벽화 발견

—

1973년 11월 4일 오전 7시 40분경, 홍시환 건국대 교수를 단장으로 하는 한국동굴학회 고수동굴조사단이 충북 단양군 대강면 고수리에 있는 고수동굴 입구로부터 5m 지점의 왼쪽 벽에서 물고기뼈 모양을 음각한 벽화 1점을 발견했다.

조사단이 4개 반으로 나뉘어 고수동굴에 대한 학술조사를 실시하던 중 고고학반에 의해 발견된 것이다.

이 벽화는 벽면을 음각하여 만든 것인데, 길이 약 70cm, 폭 30cm 가량의 그림이다. 또한 벽화 외에도 농경용 석기 2점, 수렵용 석기 1점, 조각물 2점 등을 발견했는데, 이들은 모두 신석기시대의 유물로서 이 동굴이 주거지로 쓰였음을 알 수 있다.

이때까지 우리나라에는 1972년 3월 경남 울주군 언양면 대곡리에서 발견된 암벽각화만이 가장 오래된 미술품으로 알려져 왔는데, 이 벽화는 우리나라에서는 물론 아시아에서 처음으로 발견된 동굴벽화로서 학계의 주목을 끌었다.

고수동굴은 1973년 7월 단양군청에 의해 처음으로 발견된 길이 약 400m의 동굴로서 1976년 9월 1일에 천연기념물 제256호로 지정되었다.

동굴 안에 종유석·석순·돌기둥·유석流石 등을 비롯하여 곡석曲石·석화石花·동굴산호·동굴진주·동굴선반·천연교天然橋·천장용식구天障溶蝕溝 및 세계적으로 희귀한 아라고나이트霰石가 만발하여 석회암동굴

생성물의 일대 종합전시장이라 할 만하다.

1933년 11월 4일

조선어학회, 한글 맞춤법 통일안 발표

1933년 10월 19일 조선어학회 임시총회에서 한글 맞춤법 통일안을 제정, 이를 시행하기로 결의하였다. 이에 따라 그해 11월 4일 한글 맞춤법 통일안이 발표되었다.

한글 맞춤법은 주시경에 의하여 개척되었고 주로 그의 제자들에 의하여 발전되었다. 1930년 12월 13일 조선어학회 총회에서 통일안을 제정하기로 결의한 이래 3년간의 작업을 거쳐 완성된 것이다.

1948년에 한글 맞춤법 통일안이 공식적으로 채택되었고, 이는 이후 우리나라 정서법의 법전이 되었다.

* 1921년 12월 3일 '조선어 연구회 창립' 참조
* 1933년 10월 19일 '조선어학회, 한글 맞춤법 통일안 마련' 참조
* 1942년 10월 1일 '조선어학회 사건이 발생하다' 참조

1633년 11월 4일

통영의 이순신 사우에 충렬사로 사액

조선 현종 4년(1663) 11월 4일 통영에 있는 이순신 사우祠宇가 남해

충렬사와 함께 충렬사忠烈祠로 사액을 받았다. 1593년 8월 수군통제사가 된 뒤 충무공의 주된 활동무대가 한산도를 중심으로 한 통영 근방이었기에 충무공 이순신의 위업을 기리기 위해 통영에 사당이 세워진 것이다.

선조 39년(1606)에 왕명으로 사당을 세우고 충무공의 위패를 모셔 제향해 오다가 노량에 있는 남해 충렬사에 먼저 사액이 내려지자 이어 사액을 받았다.

1973년에 사적 제235호로 지정되었다.

* 1707년 2월 6일 '숙종, 현충사 현판 사액' 참조
* 1932년 6월 5일 '충무공 이순신의 현충사 낙성식과 영정 봉안식 거행'
  참조

11월의
모든 역사

11월 5일

■
∙
■

1750년 11월 5일

조선 후기 실학자 박제가가 태어나다

벽이 없는 사람은 버림받은 자이다. '벽癖'이란 글자는 질병과 치우
침으로 이루어져 편벽된 병을 앓는다는 뜻이다. 벽은 편벽된 병을
의미하지만 고독하게 새로운 세계를 개척하고, 전문적 기예를 익
히는 자는 오직 벽을 가진 사람만이 가능하다. (……) 벌벌 떨고 게
으름이나 피우면서 천하의 대사를 그르치는 위인들은 편벽된 병이
없음을 뻐기고 있다.

-박제가, 『백화보서百花譜序』

1970년대에는 '절약이 미덕이다'라는 구호가 사회를 뒤덮었고 실제로 그런 운동들이 광범위하게 펼쳐졌다. 닳고 닳은 '몽당연필'을 볼펜 껍데기에 끼워 쓴다든가 비료포대 종이를 잘라서 노트로 사용하는 모습은 어디서나 흔히 볼 수 있는 풍경이었다.

그러나 이제 '절약의 미덕'은 희미한 옛 그림자가 되고 '소비가 미덕'인 시대로 바뀌었다. 내수의 부진이 어떻게 경제의 발목을 붙잡는지 우리는 근래 생생히 피부로 실감한 바 있다. 그런데 놀랍게도 18세기에 이미 소비를 권장하는 인물이 있었으니 바로 박제가였다. 근검과 절약을 강조하는 성리학이 지배하던 시대에 이는 혁신적인 주장이었다.

북학파의 거두인 초정 박제가는 1750년 11월 5일 우부승지를 지낸 박평의 서자로 한양에서 태어났다. 아직 신분제가 강하게 유지되던 당시 사회에서 서자는 그 재능이 뛰어나도 벼슬길에 나가는 것이 '낙타가 바늘 구멍에 들어가기'였다.

박제가는 어릴 때부터 천부적인 재질을 드러내 시와 글씨와 그림에 모두 뛰어났다. 하지만 그의 재능은 엄청난 노력이 있었기에 가능했다. 그는 한 번 읽은 책은 반드시 세 번씩 반복해서 베껴 썼고, 늘 입에는 붓을 물고 있었다. 뿐만 아니라 화장실에 가서도 가만히 있질 않고 그 옆 땅바닥에 그림을 그리거나 허공에다 글씨를 썼다.

18세 무렵 박제가는 백동수의 집에서 이덕무를 처음으로 만나 평생의 친구가 되었다. 비록 아홉 살이나 차이가 났지만 이들에게는 문제가 되지 않았다. 같은 서얼 출신이라는 점은 특히 강력한 접착제가 되었다.

이후 둘은 양반제에 매우 비판적이고 당대의 명문장가로 소문난 박지원을 찾아가 제자가 되었다. 이때부터 그는 탑골 근처에 살던 유득공, 이서구 등과도 어울리며 진득한 관계를 맺었다. 그리하여 1776년엔 이덕무·유득공·이서구 이들 셋과 함께 『건연집』이라는 시집을 발표하여 청나라에 조선의 시문 4대가로 그 이름을 떨쳤다.

그해 영조가 죽고 정조가 즉위하면서 대대적인 서얼허통 정책이 실시되자 박제가는 뜻하지 않은 기회를 잡았다. 이덕무, 유득공 등과 함께 1779년 규장각의 검서관으로 발탁된 것이다.

앞서 1778년에 그는 사은사 채제공을 따라 청나라에 다녀왔는데, 이곳에서 선진 문물을 접하고 『북학의北學議』를 저술하였다. 이른바 '북학파'라는 용어는 여기에서 생겨났다. 본래 '북학'이란 『맹자』에 등장하는 말로 초나라 진량이 공자의 도를 숭상한 끝에 북방에 와서 그것을 배우겠다는 뜻이었다. 이를 박제가에 대입하면 '북학'이란 청나라의 발달된 문화와 학문이 된다.

『북학의』에서 박제가는 수레와 배, 도로와 교량, 목재와 의복 등 일상생활에 필요한 기구들의 개선을 주장하였다. 즉 사용하는 데 이롭고 민생을 풍요롭게 하는 '이용후생利用厚生'의 정신이다. 또한 중국이 상업의 발달을 통해 부유해졌다며 조선도 적극적으로 생산을 장려하고 유통을 발전시켜 국가를 부강하게 만들어야 한다고 역설했다.

그 연장선상에서 해외무역의 중요성도 강조하였다. 상업을 진흥시키자는 이러한 주장은 '사농공상'에서 보듯 성리학적 질서 속에선 과감한 주장이었다. 이 밖에도 과거제도와 국방제도의 개선도 지적하였지만 기득권층의 반발이 심해 그의 개혁론은 '찻잔 속의 태풍'으로 그칠 수밖에 없었다.

1794년 박제가는 무과에 응시하여 장원으로 급제하는 이변을 일으켰다. 하지만 서얼에 대한 권력층의 오랜 편견에다 사상마저 그들의 심기를 거슬려 그의 앞길에는 이미 먹구름이 잔뜩 껴있었다. 1800년 강력한 후원자 정조가 죽으면서 그 위험은 이내 현실로 다가왔다.

정권을 잡은 노론 벽파는 천주교 금지를 구실로 신유사옥을 일으켜 대대적으로 정적들을 탄압했다. 결국 박제가도 1801년 사돈 윤가기의 흉서 사건에 억울하게 연루돼 종성으로 유배를 떠났다. 1805년에 유배가 풀려 다시 집으로 돌아왔지만 곧 죽고 말았다.

세상을 한발만 앞서 나가도 곧잘 이렇게 고난이 뒤따른다. 하지만 역사 발전의 숨은 공은 바로 이들의 몫이다.

—

1945년 11월 5일

조선노동조합 전국평의회가 결성되다

—

1925년 4월에 결성된 조선공산당은 이후 해체와 결성을 반복하다 1945년 8·15 광복을 맞아 박헌영을 중심으로 '조선공산당 재건준비위원회'을 만들어 본격적으로 재건을 시작하였다. 특히 이들은 공산주의 세력 확장을 위해 수많은 외곽단체들을 만들었다. 조선공산당청년회를 비롯해 전국농민협의회, 전조선청년총동맹, 조선부녀총동맹, 반파쇼투쟁위원회, 전국문화단체총연합회 등이 그것이었다.

그중에서도 각종 산업별 노동조합체인 조선노동조합 전국평의회(전평)를 만드는 것에 주력하였다. 고려공산청년회 책임비서였던 박헌영은 김삼룡에게 전평 조직에 관한 전권을 맡겼고, 김삼룡은 함경북도 성진 출신의 노동운동가 허성택에게 지시를 내렸다.

그래서 1945년 11월 5일 전국 각지로부터 505명의 대의원이 참석한 가운데 서울 종로 중앙극장에서 전평 결성대회가 열렸다. 이 대회에서 명예의장에 레온 주오 · 마오쩌둥 · 김일성 · 박헌영이 추대되었고, 위원장에 허성탁, 부위원장에 박세영 · 지한종, 위원에 김창환 · 김세용 · 김호영 등 81명의 임원이 선출되었다.

하지만 우익 청년단체들은 공산당의 조직이 커가는 것을 두고 보지 않았다. 김두한이 이끄는 대한청년당을 비롯해 건국청년회, 혁신청년회 등 18개 우익 청년단체는 중앙극장에 쳐들어가 쑥대밭을 만들었다. 전평 결성대회를 저지하기 위한 목적이었다.

하지만 전평은 이미 11월 초에 금속공업 · 철도 · 교통 · 토건 · 어업 · 전기 · 통신 · 섬유 · 광업 · 조선 등 16개 산업별 노동조합 지부 1,194개, 조합원 수 총 50만 명을 양도받았다. 따라서 즉각적으로 조선민주청년동맹의 청년조직과 더불어 이미 조선공산당의 양대 세력이 되었다.

전평은 서울과 군산, 인천, 대전, 광주, 마산, 목포 등 전국 11개 도시에 지방평의회를 조직하고, 최저임금제 확립 등 노동자들의 경제적 이익 실현을 내세웠다. 하지만 신탁통치 찬성과 남북한을 통합한 인민공화국 수립 등 좌익 성향을 보임에 따라 민족주의 진영의 반대에 부딪혔다. 이 투쟁은 1946년 3월 10일에 민족진영의 대한노동총연맹이 결성되기까지 지속되었다.

1946년 9월 23일에 전평의 경성철도공장 종업원들은 운수부장을 상대로 쌀 배급과 임금 인상, 해고 반대, 민주인사 석방 등을 요구하며 파업에 돌입하였다. 15만 명의 노동자들과 서울의 각급 학교 학생 1만 5,000명 등도 파업에 가세했다. 이 파업은 결국 '대구 10 · 1 사건'으로 번졌다.

이에 10월 3일 미 군정은 김구, 안재홍 등 민족주의 진영이 결성한 대한독립촉성노동총연맹(대한노총)과 우익 청년단체, 경찰 등을 동원해 파업본부를 진압했다.

그리고 1947년에 미 군정이 좌익 노동운동단체를 불법화하자 전평은 지하로 숨어들었고, 1948년에는 대한민국 정부 출범에 따라 존립 기반 이 사라졌다.

하지만 전평은 우리나라에서 처음으로 전국의 노동자들이 한자리에 모여 국가의 건설과 자신들의 생활문제를 토의하였다는 큰 의의를 가 지고 있다.

* 1946년 9월 23일 '우리나라 노동 운동 사상 최대 규모의 총파업이 시작되 다' 참조
* 1946년 10월 1일 '대구 10 · 1 사건이 발생하다' 참조

—

1990년 11월 5일

충남 안면도 주민, 핵폐기물 처리장 건설계획 백지화 요구하며 시위 농성

—

1990년 11월 3일 정부는 충청남도 안면도에 핵폐기물 처리장을 건 설하려는 계획을 발표했다. 지역주민에 대한 사전 설득이나 홍보, 합의 과정 없이 일방적이고 비공개로 추진하다가 갑자기 핵폐기물 처분장이 들어선다고 발표한 것이다.

이에 분노한 안면도 수민 7,500여 명은 11월 5일 핵폐기물 처리장 건 설계획 백지화를 요구하는 시위 농성을 벌였다. 그리고 연육교를 점거

하고 경찰지서를 방화하는 등 격렬한 저항을 하였다.

　결국 이듬해인 1991년 7월에 안면도 주민이 금품, 향응 제공 등으로 핵폐기장을 추진한 부도덕한 과학기술부의 행태를 양심 선언함으로써 안면도 핵폐기장 추진 계획은 백지화되었다.

　이후 정부는 인천 굴업도, 전북 부안군 위도 등에서 8차례나 핵폐기장 건설을 추진했으나 매번 주민 반발에 막혀 실패했다.

　결국 주민 투표를 거쳐 2005년 11월에 경주를 핵폐기물 처리장 부지로 최종 선정했다.

11월의
모든 역사

11월 6일

:
:
:

1506년 11월 6일

중종반정으로 연산군이 폐위되다

人生如草露 인생은 풀잎의 이슬 같아서

會合不多時 만날 때가 많지 않은 것

-연산군이 폐위되기 며칠 전에 쓴 시

우리가 자주 쓰는 말 중에 '흥청망청'이라는 단어가 있다. 돈이나 물건 따위를 아끼지 않고 마구 낭비하는 모양을 일컫는 말이다.

본래 '흥청興淸'은 연산군이 궁에 두고 있던 기생의 한 종류였다. 집권 중 향락에 빠져들기 시작한 연산군은 전국 각지의 미녀들을 모아 '운평運平'이라 칭하였다. 이 운평 중에서 가장 인물이 좋은 여인들을 뽑아 궁궐로 불러 들였다. 바로 이들을 '흥청'이라고 하였다.

처음에는 300명이던 흥청의 수는 갈수록 눈덩이처럼 불어나 1,300여 명까지 늘어났다. 연산군은 하루가 멀다 하고 흥청들을 데리고 잔치를 벌이며 국고를 탕진하였다. 이렇게 흥청들과 놀아나다가 끝내 왕위에서 쫓겨나자 '흥청망청'이란 말이 생겼다.

이처럼 연산군은 사치와 향락을 일삼았던 괴팍한 임금으로 알려져 있지만 처음부터 그렇지는 않았다. 그는 1494년에 즉위하자마자 전국에 어사를 보내 지방관들의 기강을 점검하였다. 또한 사가독서를 부활시켜 학문의 질을 높이는 등 성군의 자질까지 드러내기도 하였다.

즉위 이듬해인 1495년에 연산군은 어머니인 폐비 윤씨를 왕후로 복권시키려고 하였다. 그러나 명분과 윤리를 강조하는 사림파 관료들은 이를 반대하였다. '사후 백년간 폐비 윤씨 문제는 논외에 부친다.'는 성종의 유지가 있었다는 이유에서였다. 이 때문에 감정이 악화된 연산군은 사림들을 기피하기 시작하였다.

이 틈을 이용해 1498년 훈구파들은 '조의제문弔義帝文' 등이 담긴 김일손의 사초를 트집 잡아 무오사화를 일으켰다. 이로 인해 수백 명에 달하는 사림들이 죽거나 유배를 당하였다.

제동장치 역할을 하던 사림들이 제거되자 연산군은 고삐 풀린 망아지처럼 멋대로 행동하기 시작하였다. 특히 장녹수에게 푹 빠진 연산군은 매일 같이 풍악을 울리고 놀이에만 빠져 나랏일에는 관심조차 보이지 않았다. 게다가 자신의 생모인 폐비 윤씨의 죽음에 얽힌 사연을 알고 나서는 야수로 돌변하였다.

임사홍의 밀고로 폐비 윤 씨 사건의 전모를 파악한 연산군은 치밀어 오르는 분노를 이기지 못하고 복수를 단행하였다. 이것이 1504년에 벌어진 갑자사화였다. 이때에는 훈구파와 사림파를 가리지 않고 관련자들을 대대적으로 숙청하였다.

이처럼 두 차례의 사화가 거듭되면서 연산군은 나날이 포악해졌다. 그는 자신의 잘못을 지적하는 간언을 절대로 용납하지 않았다. 또 유교의 상징이라 할 수 있는 성균관을 오락장으로 만들기도 하였다. 게다가 사냥을 위해 도성 밖 30리 안의 민가를 모두 철거시켜 백성들의 원성이 자자하였다.

매일 '흥청'과 노는 것도 모자라 심지어는 사대부 집안의 부인들을 강간하는 만행까지 저질렀다. 이때 월산대군의 부인이자 자신의 큰어머니인 박씨까지 범하였다.

환관 김처선이 그의 만행을 보다 못해 이렇게 간언하였다.

"이 늙은 신臣이 네 임금을 섬겼고, 경서와 사서를 대강 읽었지만 고금에 상감과 같은 짓을 하는 이는 없었습니다."

하지만 연산군은 그의 간언을 받아들이기는커녕 김처선을 잔인하게 살해하였다.

상황이 이 지경이 되다 보니 관료들이 움직이기 시작하였다. 먼저 행동에 들어간 것은 훈구세력이었다. 전 이조참판 성희안이 처음으로 거사 계획을 세웠다. 그는 "임금은 본래 청류를 사랑하지 않는다."라고 연산군을 비판하였다가 가장 말직인 종9품으로 떨어진 상태였다.

그는 군사를 동원하기 위해 박원종에게 접근하였다. 박원종은 본래 명망 높은 무관 출신으로 연산군에 대한 원한이 깊었다. 왜냐하면 연산군의 만행으로 인해 자살한 월산대군의 부인이 바로 그의 누이였기 때문이다.

군자감부정軍資監副正 신윤무를 통해 박원종의 뜻을 확인한 성희안은 그의 집으로 찾아가 연산군을 축출할 것을 맹세하였다. 이들은 이조판서 유순정까지 설득하여 거사에 끌어들였다. 그리고 무사들을 모았다.

거사 날짜는 연산군이 장단長湍의 석벽으로 유람을 가는 날로 잡았다. 그런데 무슨 이유에서인지 갑자기 행사가 취소되었다. 반정 세력은 계획이 탄로난 것으로 생각해 무척 당황하였다. 하지만 박원종은 무관다운 결단력으로 도리어 거사를 하루 앞당겼다. 어차피 호남에서 귀양을 살고 있던 유빈 등이 궐기하겠다는 격문을 돌렸기 때문에 더 이상 미룰 수도 없었다.

성희안과 박원종은 바로 반정군을 일으켰다. 그리고 광화문 밖에서 임사홍과 연산군의 처남인 신수근 형제를 제거하고 간단히 궁궐을 점령하였다. 궁궐로 들어간 반정군은 성종의 계비인 자순대비를 찾아갔다. 그리고 그녀의 아들인 진성대군을 새 왕으로 추대하겠다며 허락을 구하였다. 박원종 등이 대비의 교지를 받아 들고 연산군에게로 가 옥새를 내놓게 하였다.

그리하여 이튿날인 1506년 11월 6일, 진성대군이 근정전에서 새로 왕위에 올랐다. 바로 조선 제11대 왕인 중종이다. 이것이 신하가 주동하여 왕을 교체한 '중종반정'이었다.

폐위된 연산군은 강화도 교동으로 유배를 가게 되었다. 연산군은 강화도에서 심한 역질을 앓아 12월에 눈을 감고 말았다.

* 1482년 8월 16일 '성종, 폐비 윤씨를 사사하다' 참조
* 1498년 7월 12일 '무오사화가 일어나다' 참조
* 1504년 4월 27일 '인수대비가 사망하다' 참조
* 1504년 9월 29일 '갑자사화가 일어나다' 참조

1998년 11월 6일

서울 월드컵 경기장 기공식 거행

1998년 11월 6일 김대중 대통령과 고건 서울시장 등이 참석한 가운데 2002년 한일 월드컵 축구 대회를 치르게 될 서울 월드컵 경기장 기공식이 열렸다.

월드컵 주경기장 부지선정위원회는 1997년 10월에 상암지구, 마곡지구, 보라매공원, 동대문공원 등 4곳 중에서 상암지구를 만장일치로 주경기장 부지로 선정하였다.

주경기장의 총 좌석 수는 6만 6,806석으로, 지상 6층, 지하 1층, 최고높이 48.3m 규모의 직사각형 모양으로 건설되었으며, 이 안에 길이 105m, 폭 68m의 천연잔디구장이 들어섰다. 이는 아시아 최대의 축구 전용 경기시설이다.

경기장의 외양은 우리 민족의 문화와 역사, 그리고 21세기의 희망을 담을 수 있는 '전통 소반'과 '팔각 모반'을 두 겹 겹쳐 놓은 상태로 형상

화되었다. 또한 경기장의 전체 이미지를 마포나루에 드나들던 황포돛배가 모여 있는 모습으로 표현하였으며 경기장 지붕은 우리나라의 이미지와 문화를 띄운다는 의미로 전통 방패연의 모습으로 형상화하였다.

서울 월드컵 경기장은 공사를 거쳐 2001년 11월 10일에 개장되었다. 이후 월드컵 개회식을 비롯해 피스컵, FIFA U-17 월드컵 등 많은 국제 축구대회를 치렀다. 2002년 한일 월드컵 당시 대한민국과 독일의 4강전이 개최되기도 하였다.

2004년도부터 2012년 현재까지 프로축구팀 FC 서울의 홈경기장으로 사용되고 있다.

* 2002년 5월 31일 '한일 월드컵 축구 대회가 열리다' 참조

11월의
모든 역사

11월 7일

■
．
■

1876년 11월 7일

한글학자 주시경이 태어나다

"주시경은 20세기에 개화한 모든 유파의 국어학과 국어운동의 맨앞에 우뚝 서 있다. 한힌샘이라는 호와 그의 짧은 삶 속에는 민족주의라는 고갱이가 있었다. 그리고 그가 살았던 시대와 공간은 민족주의에 일정한 진보성을 부여했다. 그의 언어민족주의는 우선 문자체계로서 한자를 버리고 한글을 쓰자는 주장으로 시작되었다. 그는 순한글 신문인 독립신문에서 교열을 보았고 이 신문에 네 차례 기고한 '국문론'을 통해 소리글자인 한글이 뜻글자인 한자에 견주어 훨씬 더 우월하다는 것을 강조했다. (……) 세종이 봉건시대의 '훈민정음'을 만들어냈다면 주시경은 시민사회의 '한글'을 만들어냈다."

-고종석, 언론인

과연 21세기를 대표하는 상징적 존재는 무엇일까? 아마도 인터넷을 능가하는 것은 달리 없을 듯싶다. '인류 최고의 발명'이라는 찬사가 하나도 어색치 않게 이것은 우리 일상에 엄청난 편리를 제공하고 있다. 그런데 우리말 다듬기에 대한 관심이 높아지면서 '인터넷'은 '누리그물'이란 용어로 많이 대체되고 있다. 덩달아 인터넷에서 활동하는 사람을 뜻하는 '네티즌'은 '누리꾼'으로 불린다. 최근 가장 유행하는 '웰빙'은 '참살이'로 바뀌고 있다. 이렇듯 우리말의 아름다움을 살리려는 까닭은 언어야말로 민족의 정체성을 반영하기 때문이다. 주시경은 이미 1세기 전에 이런 운동을 주도해 한글의 보호와 발전에 앞장섰다.

한힌샘으로 널리 알려진 주시경은 1876년 11월 7일 황해도 봉산에서 주면석의 6남매 중 둘째로 태어났다. 하지만 워낙 가난한 집안에 흉년이 겹치고 거기에다 동생들이 줄줄이 태어나 그의 어린 시절은 굶주림의 연속이었다.

그러다가 12세가 되던 해에 남대문시장에서 장사를 하던 큰아버지의 양자가 되어 한성으로 올라왔다. 얼마 후 중인들의 자제가 다니던 서당에 들어가게 되었으나, 훈장의 수준도 그렇고 여러 가지로 맘에 들지 않았다.

그런데 가까운 곳에 진사 이회종이 가르치는 이름난 서당이 있다는 걸 알고, 주시경은 며칠씩 그 앞에서 서성거렸다. 이를 이상히 여긴 이진사가 그 연유를 묻자 주시경은 "선생님께 배우고 싶어서요."라고 대답했다. 첫눈에 아이가 총명하다고 느낀 이진사는 이를 허락하고 아예 자기 집에 와 있도록 했다.

이진사에게 한문을 배우며 문득 글과 말의 불일치를 깨달은 주시경은 이때부터 한글 연구에 관심을 갖기 시작했다. 한글만 제대로 알면

굳이 어렵게 우리말을 한문으로 표현할 필요가 없기 때문이다.

서양의 신학문에도 눈을 뜬 주시경은 1894년 머리를 깎고 미국선교사 아펜젤러가 세운 배재학당에 들어갔다. 단발령이 내리기 전이었으므로 한발 앞서 머리를 깎은 셈이었다. 이곳에서 주시경은 교사로 활동하던 서재필에게 「독립신문」의 교정원으로 발탁돼 신문제작에 참여했다.

순한글 신문인 「독립신문」의 창간을 계기로 신문사 내에 '국문동식회'를 조직해 본격적으로 한글 연구도 진행했다. 이는 후일 '조선어학회'로 발전한다. 또 최초의 학생조직인 협성회와 독립협회를 중심으로 한 만민공동회에도 적극 가담해 활발한 사회활동을 펼쳤다.

1900년에 배재학당을 졸업한 주시경은 한성 각지에 있는 학교와 강습소를 돌아다니며 한글 보급과 국어 교육에 온 힘을 쏟았다. 당시 양반이나 관리들은 우리 글을 '언문'이나 '암클' 등으로 얕잡아 보고 그것의 사용을 부끄럽게 여겼다. 주시경은 이러한 인식들이 그릇된 것이라고 지적하며 우리글의 사랑이야말로 나라를 사랑하는 길이라고 역설했다. 그리하여 자신의 호를 순수 우리말인 '한힌샘'으로 짓고, 자녀들의 이름도 맏딸 송松山을 '솔메', 삼산三山을 '세메' 등으로 고쳐 불렀다. 또 나중엔 '크다'와 우리나라를 상징하는 '한'에 착안하여 명칭도 '한글'로 새로이 붙였다.

1905년 을사늑약이 체결되자 주시경은 일제의 식민지가 되기 전에 우리말을 정리할 필요성을 느끼고 『대한국어문법』 등을 발간하였다. 1910년 한일합방 이후에는 숙명여고 등 9개교에서 강의를 하면서도 일요일에는 보성중학교에 '조선어 강습원'을 설치해 한글을 가르쳤다.

그는 항상 등사판에 복사한 교재를 보따리에 싸갖고 다녀 '주보따리'로 불렸다. 당시에는 윤치호를 '윤미투리', 최남선을 '최패랭이'로 부르는 등 이런 별명들이 유행했다. 한편 『대한국어문법』을 수정해 『국어문법』을 펴냈는데, 독창성이 뛰어나 유길준의 『대한문전』보다도 후일 우리나라 문법 연구에 더 큰 영향을 미쳤다.

주시경은 1910년 최남선의 요청으로 함께 고전을 간행하는 조선광문회 설립에 가담하였다. 그는 여기서 교정을 맡아보면서 우리말 큰 사전을 편찬하기 시작했다. 밤낮을 가리지 않고 끼니도 잊은 채 이 일에 매달렸으나 1914년 독립운동을 하던 동지들이 감옥에 갇히자 만주로 망명을 결심하였다. 이에 고향에 내려가 가족과 친구들에게 작별을 고하고 한성에 올라왔으나 얼마 후 급체로 사망하였다. 이때 겨우 서른아홉이었다.

국어학계로서는 '한글 외곬 인생'을 살아 온 크나큰 인재를 잃은 것이다. 하지만 그 짧은 세월에 남긴 업적만으로도 우리 국어학의 주춧돌이 되기에 충분했다.

* 1908년 10월 6일 '국어학자 주시경, 『국어문전음학』 완성' 참조

—

1978년 11월 7일

한미연합사령부 창설

—

1978년 11월 7일 제11차 한미연례 안보협의회의 합의로 한국군과 주한미군을 통합 지휘하는 한미연합사령부가 창설됐다. 주한미지상군의 철수와 관련, 작전지휘 체계를 효율화하기 위해서였다.

한미 연합사령부의 임무는 상위기관인 한미군사위원회의를 통해 작

전지침 및 전략지침을 받아 효과적으로 한국에 대한 적대행위를 억제하고 적의 침공을 격퇴하는 것이다.

한미연합사는 미군 측 대장을 사령관으로, 한국 측 대장을 부사령관으로 임명하고, 사령부 내 참모 및 구성요원을 동수로 편성했다.

1993년 11월 한·미 양국의 합의에 따라 한미연합사령부는 전시에만 한국군을 지휘하도록 변경되었다.

—

1983년 11월 7일

동아건설, 단일공사로는 세계 최대 규모인 리비아의 1단계 대수로공사 수주

—

1983년 11월 7일 동아건설이 리비아에서, 지금까지 수주한 해외건설공사 중 단일공사로는 세계 최대 규모인 32억 9,700만 달러의 대형 수로공사를 수주하였다. 공사 수주를 위해 2년 5개월간 전력을 기울인 결과였다.

대수로공사는 리비아 정부가 추진한 녹색혁명의 중추사업에 해당하였다. 녹색혁명은 석유고갈 및 대체에너지 개발에 대비, 사하라사막 지하 500m에서 나일 강 유량(35조t)에 해당하는 지하수원을 개발, 국토의 90%가 넘는 사막지역을 옥토로 바꾸겠다는 야심으로 대통령 카다피가 1970년대 초부터 시작한 대사업이었다.

그래서 리비아 동북부 시트르 및 뱅가지 지역 사막 3억 6,300만 평을 농지로 만들기 위해 1,895km의 송수관을 묻어 하루 400만t의 물을 공급하는 수로 건설 공사였다.

　이 공사는 1984년 1월 착공을 시작해 1991년 8월에 1차 통수식을 가졌다. 1단계 공사에는 연인원 1,100만 명의 국내 근로자와 연 550만 대의 건설 중장비가 투입되어 세계 최대의 토목공사로 『브리태니커 연감』에 수록되었다. 카다피 리비아 국가원수도 이 공사를 세계 8대 불가사의 중 하나라고 격찬했다.

　하지만 2000년 10월에 동아건설은 법정 관리 대상 기업으로 결정되어 이듬해 2001년 5월 11일에 파산 선고를 받았다. 그리고 2008년에 프라임산업에 인수되었다.

* 2001년 5월 11일 '법원, 동아건설에 파산 선고' 참고

11월의
모든 역사

11월 8일

■
.
■

2009년 11월 8일

민족문제연구소, 『친일인명사전』을 발간하다

1991년 우리나라 근현대 민족문제 연구와 해명 등을 목적으로 반민
족문제연구소가 설립되었다. 이는 평생 동안 친일 문제를 연구하다
가 1989년 11월에 세상을 떠난 재야사학자 임종국이 남긴 뜻을 이
어받기 위해서였다. 1995년에 민족문제연구소로 이름을 바꾸었다.
2001년 12월에 출범한 친일인명사전 편찬위원회의 주간연구소로
지정되어 『친일인명사전』 편찬을 주도하였다. 2005년 8월에는 친
일명단 3,090명의 명단을 발표하기도 하였다.

1994년 민족문제연구소는『친일인명사전』출간 계획을 발표하였다. 그리고 2001년에 친일인명사전 편찬위원회와 함께 본격적으로 발간 작업에 착수, 8년간 3,000여 종의 문헌 자료를 수집 · 분석하였다.

이를 통해 250만 명의 인물 데이터베이스를 만들어 확인 · 심의 작업을 거쳐 수록 대상자를 선정했다. 2005년 8월 29일에『친일인명사전』수록 예정자 3,090명을 처음으로 발표했고, 2008년 4월 29일에 2차로 수록 대상자 4,776명을 재발표했다.

수록 대상은 매국행위에 가담하거나 독립운동을 탄압한 반민족 행위자 · 군수나 검사 · 소위 등 일정 직위 이상 부일 협력자 등이었으며, 대중적 영향력이 큰 교육이나 언론 · 종교계 종사자와 지식인 등은 더 엄중한 기준을 적용했다.

이런 과정을 거쳐 선정된 수록 대상자에 대한 사전 집필은 2007년부터 시작됐다. 하지만 사전이 나오기까지 고비도 많았다. 2003년 12월 국회에서 관련 예산이 삭감되기도 했고, 수록 예정자 명단이 공개된 뒤 일부 후손들의 이의 신청 및 발행금지가처분 신청도 이어졌다.

그러나 국회에서 삭감된 예산은 2004년 국민성금운동으로 7억여 원을 채울 수 있었고, 박정희 전 대통령과 장지연, 엄상섭 등의 유족이 제기한 게재금지가처분 신청 등은 법원에서 기각됐다.

그리고 마침내 2009년 11월 8일 민족문제연구소와 친일인명사전 편찬위원회는 학계와 시민 400여 명이 참석한 가운데 효창공원 백범 묘소 앞에서 일제시대 식민지배에 협력한 인사들의 해방 전후 행적을 담은『친일인명사전』발간 국민보고대회를 열었다. 문학평론가이자 민족문제연구소 소장인 임헌영은 다음과 같이 축사히였다.

"1949년 반민족행위 특별조사위원회가 해체된 지 60년을 맞아 4,389명의
친일 행위를 기록한『친일인명사전』을 내놓게 됐다. 부일협력이라는 치욕
스런 행위를 정확히 기록하고 이를 용감하게 대면해, 미래로 나아가는 지
름길로 삼겠다는 취지이다."

『친일인명사전』은 전체 3권, 2800여 쪽 분량으로, 민족문제연구소와
친일인명사전 편찬위원회가 만들고 있는『친일문제 연구총서』의 첫 번
째에 해당하는 '인명 편'이다. 을사늑약 전후부터 1945년 8월 15일 해방
때까지 일본의 국권 침탈, 식민통치, 침략전쟁에 적극 협력해 피해를 끼
친 인물 4,389명의 주요 친일 행각과 해방 이후 행적 등을 담고 있다.

수록된 인물 중에는 박정희 전 대통령을 비롯해 장면 전 국무총리,
무용가 최승희, 음악가 안익태, 홍난파, 언론인 장지연, 소설가 김동인
등 유력 인사들이 상당수 포함되었다. 하지만 신현확 전 국무총리와 최
근우 전 사회당 창당준비위원장 등 3명은 2008년에 발표한 '친일 명단'
에는 포함되었으나 유족들의 이의 신청 등이 받아들여져 수록 대상자
에서 제외됐다. 친일사전 수록이 보류된 384명에 대해서는 추가조사를
벌여 향후 사전을 개정 · 보완할 때 반영키로 하였다.

편찬 과정에는 150여 명의 정치 · 경제 · 사회 · 문화 · 예술 등 각 분
야의 교수 · 연구자 등이 편찬위원으로 참여했고 집필위원으로 180여
명, 문헌자료 담당 연구자도 80여 명이 투입되었다.

원래는 2008년 8월에 출간될 계획이었으나 수록 대상 인사들의 유족
이 제기한 이의신청 처리, 발행금지가처분 소송 대응, 막바지 교열작업
등 실무적인 문제로 발행이 늦어졌다.

『친일인명사전』의 발간은 해방 64년 만에 처음으로 민간 차원의 '친

일파 청산 작업'이 일단락됐음을 뜻한다. 국가가 하지 못한 역사 청산의 과제를 민간이 먼저 조직적이고 체계적으로 정리해, 과거를 반성하고 미래로 나아가는 기초를 마련한 것이다.

—

1894년 11월 8일

동학 농민군, 우금치 전투에서 대패하여 남쪽으로 퇴각

—

1894년 9월에 봉기한 동학 남접의 접주 전봉준은 공주와 수원을 거쳐 한성을 공격하기로 정하고 북접과 연합전선을 이루었다.

이에 따라 전봉준이 먼저 4,000여 명의 농민군을 이끌고 공주로 올라오다가 그해 10월 논산에서 손병희의 북접군과 합류하였고 일시에 공주를 공격하기로 정하였다.

한편 정부군 역시 농민군을 괴멸시키기 위해 2,500여 명의 군사를 이끌고 200여 명의 일본군과 함께 공주로 향하였다. 10월 23일 이인, 효포 등지에서 제1차 접전이 벌어졌으나 농민군이 패배하고 후퇴하였다.

그리고 전열을 가다듬은 동학 농민군은 일본군과 친일정권에 항거하기 위해 11월 8일 우금치를 주主공격로로 삼아 다시 총공격을 시작하였다. 그러나 뛰어난 화력을 가진 최신무기로 무장하고 좌·우측에서 협공을 벌인 조선·일본연합군에 밀려 공주의 남동쪽으로 후퇴하지 않을 수 없었다. 그 와중에서 공주감영을 공격하려 하였으나 결국 제2차 공주접전에서도 수많은 사상자를 내고 내패하였다.

이 전투는 동학농민군이 벌인 전투 가운데 가장 최대의 규모였는데,

결국 농민군의 대패로 동학농민운동 실패의 결정적 계기가 되었다.

그 후 각지에서 농민군 소탕작전이 벌어지자 전봉준은 결국 농민군을 해산하였고, 그해 12월 배반자의 밀고로 순창에서 체포되어 이듬해 교수형을 받고 처형되었다.

* 1860년 4월 5일 '최제우, 동학을 창시하다' 참조
* 1861년 4월 8일 '동학의 제3대 교주 손병희 출생' 참조
* 1863년 8월 14일 '동학교조 최제우, 최시형에게 전위' 참조
* 1864년 3월 10일 '동학의 창시자 최제우가 처형되다' 참조
* 1893년 3월 10일 '동학교도, 대규모 집회 개최' 참조
* 1894년 1월 10일 '고부 군민이 관아를 점령하다' 참조
* 1895년 3월 29일 '녹두 장군 전봉준 사형 선고를 받다' 참조
* 1897년 7월 21일 '동학 교주 최시형이 혹세무민죄로 사형을 당하다' 참조

1836년 11월 8일

추사 김정희, 대사성에 임명

조선 후기의 문인이었던 추사 김정희가 헌종 2년(1836) 11월 8일에 성균관의 으뜸 벼슬인 정3품의 당상관직에 해당하는 성균관 대사성에 임명되어 유학과 문묘의 관리에 관한 일을 담당하게 되었다.

김정희는 순조 19년(1819)에 문과에 급제하여 대사성 외에도 세자시강원설서, 충청우도암행어사, 이조참판 등을 역임하였다. 그러나 헌종 6년(1840)과 철종 2년(1851), 두 차례나 유배를 당하기도 했다.

학문에서는 실사구시實事求是를 주장하였고, 서예에서는 독특한 추사체를 대성시킨 그는 또한 청나라의 고증학을 기반으로 하였던 금속학자이기도 했다.

* 1817년 7월 21일 '추사 김정희, 북한산 신라 진흥왕 순수비를 판독하다'
참조

—

1974년 11월 8일

경주 98호분에서 순금제 그릇 출토

—

1973년도부터 1975년도까지 문화재관리국 경주고적발굴조사단이 발굴, 조사한 98호분(황남대총)에서 지금까지 조사된 신라고분 가운데 가장 많은 금제 장신구가 출토되었다. 특히 1974년 11월 8일에는 순금제 그릇이 출토되었다.

경북 경주시 황남동에 있는 신라시대의 돌무지덧널무덤인 98호분은 두 개의 봉분이 남북으로 이어져 있는데, 남분이 북분보다 먼저 축조된 것으로 밝혀졌다.

남분에는 무기류가 많은 반면 북분에는 장신구가 많은 것으로 보아 북분이 부인의 무덤인 것으로 보인다.

11월의
모든 역사

11월 9일

1878년 11월 9일

항일독립운동가 도산 안창호가 태어나다

"나는 밥을 먹어도 대한의 독립을 위해, 잠을 자도 대한의 독립을
위해 해 왔다. 이것은 내 목숨이 없어질 때까지 변함없을 것이다."

-안창호

1932년 윤봉길 의사가 중국 상하이에 있는 홍커우 공원에서 폭탄을 던진 후 일제가 조선인들을 대거 검거하자 임시정부 요인들은 재빨리 모두 피신하였다.

하지만 도산 안창호는 소년동맹단에 2원을 기부하기로 한 약속을 지키고자 소년 이만영을 만나러 갔다가 끝내 체포되고 말았다. 큰일을 위해선 무시해도 좋은 약속으로 치부할 수도 있었지만 도산은 한 아이에게 실망을 주지 않기 위해 목숨을 걸었던 것이다. 이는 '코리언타임Korean Time'이라는 부끄러운 용어가 아직도 살아 있는 우리 사회에 약속의 중요성을 새삼 일깨워준다.

평생 독립을 위해 투쟁한 도산 안창호는 1878년 11월 9일 평남 강서에서 농부 안흥국의 셋째 아들로 태어났다. 아홉 살 때부터 서당에 다니기 시작한 그는 이곳에서 몇 살 많은 필대은을 만나 신학문을 접하였다. 또 1894년에는 평양에서 직접 청일전쟁을 목격하고 힘없는 나라의 서러움을 절감했다.

이에 힘을 키우기 위해선 국민의 의식이 높아져야 한다고 생각하고 한성으로 올라가 언더우드가 세운 구세학당(후일 경신학교)에 들어갔다. 이후 이곳에서 3년간 수학하면서 송순명의 전도로 기독교도가 되고 산수와 지리 등 신학문을 배우기 시작했다.

1896년에 서재필의 주도로 독립협회가 설립되자 도산은 필대은과 상의해 회원으로 가입하였다. 이어 평양에 관서지부를 조직하는 역할을 맡아 쾌재정에서 감사와 수백 명의 군중이 모인 가운데 만민공동회를 개최하였다. 이때 조목조목 정부와 관리를 비판하고 민중들의 각성을 촉구하는 명연설로 청중들의 심금을 울렸다. 남강 이승훈이 이 연설에 감명을 받아 독립운동에 나섰다고 하니 그 위력을 알 만하다. 1899

년에는 고향에 한국 최초의 남녀공학인 점진학교를 세워 교육 사업에 발 벗고 나서기도 했다.

도산은 큰일을 하기 위해선 신지식이 더욱 필요하다고 보고 1902년 이혜련과 결혼하여 함께 미국으로 건너갔다. 샌프란시스코에 정착한 그는 미국의 교육제도를 제대로 이해하기 위해 나이의 벽을 뚫고 어렵게 소학교에 들어갔다. 나중에 귀국하여 모국에 미국 교육의 장점을 이식시키고 싶은 생각에서였다.

하지만 우리 교민들의 생활이 열악하고 의식도 낮아 미국인들에게 멸시를 당하는 모습에 학교를 그만두고 교민들의 권익 보호에 나섰다. 이렇게 하여 '한인친목회'가 결성되었는데, 이는 다시 '한인공동협회'로 발전하였다.

1905년 11월 을사늑약이 체결되었다는 소식을 듣자 국내에서 구국운동을 펼치기로 결심하고 1907년에 귀국하였다. 이어 신채호·양기탁 등과 함께 비밀결사조직인 신민회를 만들어 민중운동을 전개하기 시작했다. 그 일환으로 평양에 대성학교를 설립하여 인재를 양성하고, 도자기회사를 창립해 민족산업을 육성하는 데 힘썼다.

하지만 1909년 안중근의 이토 히로부미 암살 사건에 관련된 혐의로 체포되어 3개월간 곤욕을 치렀다. 이에 더 이상 국내 활동이 힘들어지자 청도와 연해주를 거쳐 1911년 다시 미국으로 망명하였다.

이듬해 도산은 샌프란시스코에서 지방총회를 망라한 '대한인국민회' 중앙총회를 조직해 초대회장에 취임했다. 한편 민족운동의 핵심이 될 청년 단체의 필요성을 절실하게 깨닫고 '흥사단興士團'을 창설하였다. 이는 '진정한 애국지사를 일으킨다'는 뜻이었다. 우리가 익히 알고 있는 '무실역행務實力行'이 바로 흥사단의 정신이다.

흥사단은 지금도 꾸준한 활동을 벌이며 도산의 뜻을 펼치고 있다. 그런 점에서 흥사단의 설립은 도산의 일생에서 가장 의미 있는 업적이라고 해도 무방할 것이다.

1919년 '3 · 1운동'의 결과로 상해에 임시정부가 수립되자 도산은 내무총장 겸 국무총리 서리가 되어 그것을 이끌었다. 하지만 1921년 임시정부가 내분에 휩싸이자 이를 수습하지 못한 책임을 지고 당시 맡고 있던 노동국총판에서 사퇴하였다.

그의 주창으로 1923년에 열린 국민대표회의도 결렬되자 일단 미국으로 건너가 흥사단 활동에 전념하였다. 1926년에 다시 중국으로 돌아와 만주를 답사하며 이상촌理想村 건설을 추진하였으나 일제의 중국 침략이 본격화되면서 수포로 돌아갔다.

1932년에는 독립운동 근거지의 건설을 계획하다 윤봉길 의거로 일경에 체포되어 2년 반을 복역했다. 그는 1935년 감옥에서 풀려난 후에 지방으로 강연을 다니다 일제의 감시가 심해지자 대보산 기슭 송태산장에 은거하였다.

하지만 1937년 '동우회 사건'의 배후자로 지목돼 또다시 투옥되었다. '동우회'는 흥사단의 국내지부였다. 복역 중 급격히 건강이 악화되어 경성제대 부속병원에 입원했지만 끝내 1938년 3월 간경화증으로 사망하였다. 도산은 혼수상태에서도 일본의 천황을 꾸짖으며 마지막까지 독립을 염원했다.

* 1913년 5월 13일 '안창호, 샌프란시스코에서 흥사단 창립' 참조
* 1932년 4월 29일 '윤봉길, 상하이 홍커우 공원에서 폭탄을 투척하다' 참조
* 1938년 3월 10일 '도산 안창호 사망' 참조

1919년 11월 9일

의열단, 만주 길림성에서 결성

1919년 3·1 운동 뒤, 만주 지린성에 모인 독립지사들은 더욱 조직적이고 강력한 독립운동 단체가 필요하다는 생각을 하게 되었다. 이에 그해 11월 9일 민족주의 노선을 지향하는 항일 비밀결사 조직인 의열단을 결성하였다. 의열단이라는 이름은 '정의正義의 사事를 맹렬猛烈히 실행한다'는 취지에서 유래하였다.

의열단은 직접적 투쟁방법인 암살과 파괴·테러라는 과격한 방법을 통해 독립운동을 해 나가기로 하였다. 김원봉을 단장으로 임명하였으며, 경륜과 강령은 신채호가 체계화하였다.

김구·김규식·김창숙 등이 실질상의 고문 역할을 했고, 중화민국 장제스 총통의 지원을 받기도 하였다.

초기 의열단은 밀양·진영 폭탄반입 사건, 부산경찰서 폭파 사건, 조선총독부 폭탄투척 의거, 상하이 황포탄 의거, 도쿄 니주바 시 폭탄투척 사건 등 여러 차례 의거 활동을 하였다.

1924년경에는 단원이 약 70여 명에 이를 정도로 성장하였다. 하지만 1926년부터는 점차 사회주의이론을 수용하였으며, 1929년 12월 베이징에서 마르크스-레닌주의ML파와 합동하여 조선공산당 재건동맹을 조직한 뒤로는 본격적인 급진좌파로 바뀌었다.

* 1921년 9월 12일 '의열단원 김익상, 조선 총독부 청사에 폭탄 투척' 참조
* 1924년 1월 5일 '김지섭, 일본 왕궁 앞에 폭탄 투척' 참조

1961년 11월 9일

윤락행위방지법 제정 공포

1961년 11월 9일 5 · 16 군사정부는 사회악 중의 하나인 윤락행위를 방지해 국민의 풍기 정화와 인권 존중에 기여하고자 윤락행위방지법을 제정 · 공포하였다. 이는 미 군정 시절인 1948년 제정된 공창 제도 폐지령을 대신해 만든 법이었다.

이 법은 윤락행위를 하거나 알선해서는 안 되며 윤락행위자는 보호 지도소에 선도보호를 위탁 처분할 수 있도록 하였다. 또 영리를 목적으로 윤락장소를 제공하는 자 등이 영업상 관계있는 자에 대해 가지는 채권은 무효로 하여 윤락여성과 포주 간의 채권 채무를 인정하지 않았다.

하지만 5 · 16 군사정부는 이듬해인 1962년 전국에 104개 특정(성매매)지역 설치를 사실상 허용해 법적으로는 1948년에 폐지된 공창을 부활시켰다. 또한 주한미군 기지촌 주변의 유흥업소에는 아예 면세혜택을 주었다. 이른바 '양공주'가 외화 획득에 기여한다는 어처구니없는 논리가 작용하였던 것이다.

이후 윤락행위방지법은 윤락행위 시 남자에 대한 처벌이 너무 약하다는 여성계 여론이 반영되면서 1995년 1월에 개정됐다. 그래서 '3만 원 이하의 벌금이나 구류'가 '1년 이하의 징역이나 300만 원 이하의 벌금, 구류 또는 과태료'로 바뀌었다.

하지만 2004년 9월에 성매매처벌법(성매매 알선 등 처벌법과 성매매 방지 및 피해자 보호법)이 공포 시행되면서 43년 만에 폐지되었다.

11월의
모든 역사

11월 10일

■
■
■

1939년 11월 10일

일제, 창씨개명을 공포하다

'슬프다. 유건영은 천년의 고족古族이다. 일찍 나라가 망할 때 죽지
못하고 30년간의 욕을 당하여 올 때에, 그들의 패륜과 난륜亂倫, 귀
로써 듣지 못하고 눈으로써 보지 못하겠더니, 이제 혈족의 성까지
빼앗으려 한다. 동성동본이 서로 통혼하고, 이성을 양자로 삼고, 서
양자가 제 성을 버리고 계집의 성을 따르게 되니, 이는 금수의 도를
5000년의 문화 민족에게 강요하는 것이다. 나 유건영은 짐승이 되
어 살기보다는 차라리 깨끗한 죽음을 택하노라.'

-유건영, 창씨개명에 반대하며 쓴 유서

여기 한 시대를 풍미한 여섯 명의 인물이 있다. ① 다카키 마사오 ② 가야마로 미쓰로 ③ 가네무라 코유 ④ 도요다 다이쥬 ⑤ 다츠시로 시즈오 ⑥ 테라우치 마사타케. 그런데 유독 한 사람만이 국적이 다르다. 누굴까? 정답은 ⑥번 테라우치 마사타케다. 그는 일본의 초대 조선총독이다. 나머지는 모두 창씨개명創氏改名을 한 한국인들이다. ① 박정희 ② 이광수 ③ 김영삼 ④ 김대중 ⑤ 서정주이다. 이들 중 대통령을 지낸 김영삼, 김대중은 일본을 방문했을 때, 은사를 찾아가 창씨개명한 자신의 일본 이름을 대며 인사를 하였다.

중일전쟁이 점점 치열해지면서 추가 병력이 절대적으로 필요했던 일제는 조선인들을 주목했다. 문제는 항일의식이 강한 이들이 총구를 일본으로 돌릴 수 있는 위험성이었다. 이 때문에 일제는 먼저 조선인들을 투철한 황국민으로 만들지 않으면 안 되었다.

창씨개명은 그러한 목적의 완결판이었다. 7대 조선총독 미나미는 1939년 11월 10일 '조선민사령 중 개정의 건'과 '조선인의 씨명에 관한 건'을 공포해 1940년 2월 11일부터 6개월에 걸쳐 창씨개명을 시행토록 하였다. 그런데 당시 일제가 중점을 두었던 것은 '개명'이 아니라 '창씨'였다.

알다시피 한국인에게 결혼은 부부의 '성姓'에 아무런 영향을 미치지 못한다. 지금은 호주제가 폐지되면서 다소의 변화가 있긴 하지만 본래 한국인은 태어나면 죽는 그 순간까지 '성'이 변하는 일이 없다.

그런데 일본은 메이지유신 이후 '가家'를 표시하는 '씨氏' 제도가 정착되어 우리와는 사뭇 다르다. 따라서 혼인 등으로 호적을 이동해 '家'가 바뀌면 당연히 그에 따라 '氏'도 바뀌게 되는 것이다. 일제가 창씨개명을 실시한 목적은 명확하다. 조선의 전통적인 부계혈통을 부정하여 민족의식을 흐려 놓으려는 속셈이었던 것이다.

그러나 이 제도가 실시되자 조선인들의 반응은 냉담했다. 그도 그럴 것이 조선인들은 "성을 갈겠다."라는 표현을 맹세로 사용할 만큼 성에 대한 집착이 강했기 때문이다. 그러자 이광수는 가야마로 미쓰로香山光郎 라는 성명으로 창씨개명에 앞장선 후, 「매일신보」에 「창씨와 나」 등을 올려 이를 적극 홍보하고 나섰다.

그에 따르면 '香山光郎'의 '香山'은 진무천황이 즉위한 '향구산'에서 따온 것이고, '光'은 자신의 가운데 이름자이고, '郎'은 일본인 남자들이 흔히 사용하는 것을 흉내 낸 것이다. 한마디로 그는 뼈 속까지 친일을 새긴 것이다. 왜 이광수가 문인 중에 친일파의 대표적 인물로 분류되는 지 알 수 있는 대목이다.

조선총독부는 창씨개명이 강제가 아닌 희망에 의해 일본식 성씨를 정할 수 있는 길을 열어 놓은 것이라고 주장했다. 하지만 3개월이 지나도 창씨개명을 한 가구가 고작 7.6%에 그치자 권력기구 등을 동원해 강제하기 시작했다. 즉 창씨개명을 하지 않으면 자녀의 입학 금지·취업 금지·행정 서비스 금지·우선적인 강제 징집·식량 배급 금지·철저한 감시·교통과 우편 서비스 금지 등 여러 불이익을 주거나 탄압했다. 그 결과, 8월 마감에 이르러선 80%로 껑충 뛰어올랐다. 이를 보면 얼마나 일제의 압박이 심했는지 알 수 있다.

조선인들의 창씨 경향을 살펴보면 완전히 일본식으로 하는 극렬 친일파도 있지만 대부분은 주로 자신의 본관을 따와 나름대로 뿌리를 지켰다. 일부 안동 권씨는 본과 성에서 한자씩 떼 내 '안권安權' 또는 '권동權東'으로 짓는가 하면 전주 이씨는 조선 왕족임을 드러내기 위해 '궁본宮本'이나 '국본國本' '조본朝本'이라고 지었다.

김씨의 경우에는 '원래 김씨'의 의미로 '金原', '본래 김씨'의 의미에서 '金本'으로 창씨하기도 했다. 한편 '山川草木', '青山白水' 등의 다소 장난기 섞인 창씨도 보인다. 그러나 고창의 설진영처럼 자녀를 퇴학시키겠다는 협박을 못 이겨 창씨를 하고 조상 뵐 낯이 없다며 자살한 슬픈 경우도 있었다.

상황이 이런데도 2003년 일본의 총무상 아소 다로는 "창씨개명은 조선인들이 먼저 요구해서 시작되었다."라고 망언을 내뱉었다. 그는 또 2005년 옥스퍼드 대학교 강연에서 "운 좋게도 한국에서 전쟁이 일어나 일본의 경제 재건이 급속도로 진전되었다."라고 발언하였다.

이에 MBC 손석희 아나운서는 자신이 진행하는 「손석희의 시선집중」을 통해 다음과 같이 일갈하였다.

"아소 장관은 '창씨개명은 조선인이 희망했다.'는 망언을 한 바 있습니다. 도대체 우리들은 언제까지 이런 자의 헛소리를 들어야 하는 걸까요? 여기서 자뢰는 놈 자입니다."

* 1940년 2월 11일 '창씨개명 강제 실시' 참조

1423년 11월 10일

화척을 백정으로 개칭하다

조선 말기에 나이도 지긋한 박상길이라는 백정이 장터에 푸줏간을 차렸다. 어느 날 근처에 사는 양반 두 사람이 고기를 사러왔다. 먼저 온 양반은

"이놈, 상길아. 여기 고기 한 근만 썰어라."하며 거드름을 피웠다. 그러나 다른 한 양반은 "박서방, 나도 고기 한 근만 썰어 주게나." 하고 아주 부드럽게 부탁했다.

박상길이 주문을 받아 두 사람에게 고기를 썰어 주는데, 먼저 산 양반이 보니 자기 것이 다른 양반 것보다 훨씬 양이 적었다. 화가 난 그가 박상길의 잘못을 꾸짖자 돌아온 대답이 걸작이었다.

"손님 고기는 상길이 놈이 썬 것이고, 이 어른의 고기는 박서방이 썰었거든요."

백정白丁이란 원래 중국의 남북조시대에 '무관자無冠者'인 평민을 일컫던 말이다. 머리에 관을 쓰는 벼슬아치를 염두에 둔 표현이라고 할 수 있다. 백정의 '白'은 주로 '희다'의 뜻으로 쓰이지만 '깨끗하다' '없다' 등의 뜻도 갖고 있다. '丁'은 '정호丁戶'나 '장정'을 의미한다. 이 때문에 단어로만 놓고 해석하자면 백정은 '정호가 아닌 사람'이 된다.

고려시대에는 16~60세의 장정들이 군인과 같은 직역을 부담했는데 이들을 정호라고 하였다. 그래서 백정은 일정한 직역이 없는 농민층의 사람들을 가리키게 되었다.

이렇게 고려시대의 백정은 아무런 직역을 지지 않았기 때문에 국가로부터 토지도 지급받지 못하였다. 대신에 이들은 조상에게 물려받거나 개간한 자기 소유의 조그만 땅을 경작하든지 아니면 남의 땅을 빌려 소작으로 생계를 유지해 나갔다. 이들은 직역으로서의 군역은 부담하지 않았지만 성을 쌓거나 궁궐을 짓는 등의 잡역에는 종종 동원되었다.

그런데 무엇보다도 이들이 과거에 응시할 수 있었다는 점이 주목된다. 비록 현실적으로 과거에 합격한다는 것이 '하늘의 별 따기'나 마찬

가지였지만 이들의 신분적 위상을 짐작할 수 있는 것이다.

그러나 고려시대에 가장 넓게 농민층을 차지했던 백정은 조선시대에 들어오면서 그 개념이 완전히 바뀌게 된다. 1423년 11월 10일 세종이 화척과 재인들을 백정으로 그 이름을 고쳐 부르게 했기 때문이다. '화척 禾尺은 곧 양수척揚水尺'이라는 기록에서 보듯, 나말여초 혼란기나 고려 건국 후 계속적으로 우리나라에 들어온 여진·거란 계통의 유목민이다.

하지만 이들의 유목적인 생활습관은 정착 생활을 방해하고 초원지대를 찾아 여러 곳을 떠돌게 했다. 이들은 무리를 짓고 돌아다니다가 굶주림을 견디지 못하면 자주 민가를 습격하여 불을 지르고 재물을 약탈하였다. 뿐만 아니라 외적이 침략하면 이들과 내통하여 길잡이를 자청하였다.

한편으로 이들은 유기柳器, 즉 버들바구니의 제조와 도살업에도 종사하여 생계를 꾸려갔다. 조선 초기에는 거골장이라는 양인 출신의 도살업자도 있었지만 이들의 이름은 조선 중기 이후 자취를 감추고 백정이 도살업의 대명사로 굳어졌다.

화척들이 자주 사회적 혼란을 야기하자 세종은 이들을 일반 백성들과 같은 농민으로 만들기 위해 위에서 언급했듯이 백정으로 그 이름을 개칭했다. 그리고 이들에게 토지를 주어 농사를 짓도록 장려했다. 자식 중에 능력이 있다면 향학에 응시할 수 있는 기회도 주었다.

또한 화척들끼리 외딴곳에 모여 살지 말고 평민들과 섞여 살게 하는 조치도 취하였다. 조정에선 이들의 유랑을 막기 위해 관에서 발급하는 행장을 소지하도록 적극적인 통제도 가하였다. 하지만 이들에 대한 동화정책은 군역의 동원을 빼고는 그리 효과를 거두지 못하였다. 백정들의 정착은 16세기나 되어서야 겨우 이루어졌다.

화척들에게도 백정이라는 이름이 사용되자 일반 농민들은 이들과 혼동될까 두려워 자신들을 백정이라 부르길 꺼렸다. 그리하여 전통적인 백정은 평민이나 양민, 백성 등과 같은 호칭으로 변했고 도살업이나 유기제조업에 종사하던 계층만이 백정으로 불리게 되었다. 이 때문에 조선시대의 백정을 고려 이후의 그것과 구분하여 '신백정'이라 부르기도 하였다.

이들에 대한 사회적 멸시는 지독하여 천민 중에서도 가장 천한 대접을 받았다. 1894년 단행된 갑오개혁으로 이들의 신분적 굴레는 벗겨졌지만 그렇다고 오래도록 누적된 일반인들의 차별적 관념까지 걷어낼 수는 없었다.

—

1904년 11월 10일

경부선 철도 완공

—

1904년 11월 10일 경부선 철도가 완공되었다. 이에 따라 1905년 1월 1일부터 경부선이 개통되어 영업을 시작했다.

이를 위해 일제는 앞서 1901년 8월 21일 영등포에서 북부 기공식을, 초량 고관에서 남부 기공식을 각기 거행하고 본격적인 건설 업무를 추진하였으며, 1902년 10월 10일에는 경부선의 영등포와 명학동 구간을 준공하였다.

그 뒤 일제가 전쟁 목적을 위해 이 철도를 1904년 중에 조기 건설할 것을 긴급 명령함에 따라 11월 10일 완공되었다. 그리고 1905년 1월 1일 경부선의 서울-초량간 전 구간의 영업이 개시되었다. 경부선 철도 개통식은 5월 28일 서울 서대문 정차장 구내에서 수천 명의 관계인 및 내빈이 참석한 가운데 성대히 개최되었다.

조선의 철도는 사실상 일본이 기획한 조선 침략 정책의 핵심이었다. 일제는 조선의 쌀과 자원, 사람을 일본으로 빼내가기 위해 조선의 교통 기관을 장악하였으며, 대륙 침략을 위해 조선의 철도를 이용했다.

이에 따라 일제는 경부선에 이어 1906년 경의선, 1914년 호남선 과 경원선, 1929년 충북선, 1931년 장항선, 1936년 전라선, 1939년 경춘선, 1942년 중앙선 등을 차례로 개통함으로써 광복 이전까지 약 6,000km에 이르는 국내 철도 노선을 장악하였다.

* 1905년 1월 1일 '경부선 전 구간 개통' 참조
* 1905년 5월 28일 '경부선 철도 개통식' 참조

▬

1915년 11월 10일

동경유학생 이광수 등 조선학회 설립

▬

1915년 11월 10일 일본 도쿄에서 유학생 이광수, 신익희, 장덕수 등이 발기하여 조선학회를 설립하였다. 표면상 목적은 조선에 관한 일반 학술의 연구였으나 실제로는 독립운동을 위한 비밀결사였다. 따라서 회원 자격을 회원 2명 이상의 보증이 있도록 제한하였고 공식적으로는 사무실을 운영하지 않았다.

조선학회는 일본 도쿄 조선기독교청년회에서 제1회 총회를 개최하고 규칙 제정 및 임원 선거를 했다. 이 단체의 구성원은 이후 2 · 8운동

을 주도했고, 3·1운동을 일으키는 데 유력한 세력이 되었다.

하지만 이후 이광수는 중국 상하이로 가서 상해임시정부의 일원이 되고, 장덕수는 귀국하여 언론기관에서 활약하는 등 이 회의 발기인들이 귀국함으로써 1921년 이후에는 별다른 활동이 없다가 자연 소멸되었다.

* 1919년 2월 8일 '2·8 독립 선언서 발표' 참조
* 1919년 3월 1일 '민족 대표 33인, 독립 선언서를 낭독하다' 참조

1956년 11월 10일

조봉암, 진보당 창당

1956년 11월 10일 조봉암이 중심이 되어 민주사회주의 건설을 목적으로 우리나라의 최초의 혁신정당인 진보당이 창당되었다. 진보당은 통일정책에서 평화통일론을 주장하고, 구체적 방안으로 국제연합 감시하의 남북한 총선거안을 제시하였다.

그러나 1958년 1월 조봉암을 비롯한 진보당 간부들은 국가보안법 위반 혐의로 구속 기소되었다. 북한 정권과 그 배후의 국제공산세력인 소련 및 중국이 주장하는 중립국 감시위원단 감시하의 총선거안과 같은 주장이라는 혐의 때문이었다.

이로 인해 진보당은 해체되었고 조봉암은 1959년 7월에 사형을 당했다.

* 1958년 1월 13일 '진보당 간부 구속' 참조

* 1959년 7월 31일 '조봉암의 사형을 집행하다' 참조

11월의
모든 역사

11월 11일

■
．
■

1400년 11월 11일

정종, 방원에게 왕위를 넘겨주다

기묘년 가을 9월에 태종이 송도松都의 추동楸洞 잠저潛邸에 있을 때, 어느 날 날은 새려 하여 별은 드문드문한데, 흰 용白龍이 침실寢室 동마루 위에 나타났다. 그 크기는 서까래만 하고 비늘이 있어 광채가 찬란하고, 꼬리는 굼틀굼틀하고, 머리는 바로 태종이 있는 곳을 향하였다.

시녀 김씨가 처마 밑에 앉았다가 이를 보았는데, 김씨는 경녕군敬寧君 이비의 어머니이다. 달려가 집찬인執饌人 김소근 등 여덟 사람에게 알리어, 소근 등이 또한 나와서 이를 보았다.

조금 있다가 운무雲霧가 자욱하게 끼더니 간 곳을 알 수 없었다. 공정왕恭靖王이 아들이 없고, 개국開國 정사定社의 계책이 모두 정안군靖安君에게서 나왔다 하여, 도승지 이문화를 보내어 태조太祖께 사뢰고 책봉하여 왕세자를 삼았다.

-『태종실록』 총서

흔히 부자지간에도 권력은 나눌 수 없다고 한다. 권력에 취하면 모든 가치가 그것에 종속된다는 뜻이다. 조선시대에는 왕이 의심할 바 없는 최고의 권력이었다. 하지만 가끔 무늬만 그럴 뿐 실권은 하나도 없는 허수아비 왕도 있었다. 태조 이성계의 뒤를 이은 정종이 그러했다.

사실 그는 이방원이 대권으로 향하는 길에 잠시 설치해 놓은 완충장치에 불과했다. 이 때문에 그가 취할 수 있는 길은 오직 하나였다. 때가 무르익으면 방원에게 권력을 나눠주는 것도 아니고 통째로 넘기는 일이었다. 그것이 허울만 남은 권력의 운명이었다.

이방원은 정도전과 함께 누구나 인정하는 조선 건국의 일등공신이었다. 하지만 둘째부인 강씨를 총애했던 태조는 개국 한 달 만에 그녀의 소생인 여덟째 아들 방석을 세자로 책봉했다. 순서로 따진다면 당연히 맏아들인 방우가, 건국의 공로를 따진다면 방원이 세자가 되어야 했다.

그러나 강씨와 정치적 이익을 함께하는 정도전 · 남은 등의 지지로 결국 방석이 선택되었다. 사실 성격이 과격한 방원이 왕위에 오르면 자신들의 입지가 약해질까 두려웠던 것이다. 방원은 세자가 되기는커녕 개국공신에서도 탈락했다.

이후 정도전은 이성계 다음의 실세로 부각되고 반대로 방원을 비롯한 왕실 세력은 점차 권력의 핵심에서 멀어졌다. 더구나 정도전은 사자의 발톱처럼 항시 위협적인 방원을 산송장으로 만들고자 사병 해체를 시도하였다. 이에 방원은 위기를 느끼고 정도전 일파를 기습해 이들을 모조리 제거하였다. 세자 방석과 그 형 방번도 모두 저승신세가 되었다. 이것이 1398년 8월에 일어난 '1차 왕자의 난'이다. 이때 이성계는 마침 병석에 누워 있었다. 서사가 성공하지 다음 문제는 누가 세자가 되는가에 모아졌다. 사실은 논란이 될 것도 없는 내용이었다.

하륜과 이거이 등 방원의 측근들은 당연히 그를 세자에 추대했다. 하지만 방원은 강한 손사래를 쳤다. 대신 그는 둘째 방과에게 양보했다. 첫째 방우는 이미 세상을 뜨고 없었다. 처음에 방과는 "당초부터 대의를 주창하고 개국하여 오늘에 이르기까지의 업적은 모두가 방원의 공로인데 내 어찌 세자가 될 수 있겠는가."라며 극구 사양했다. 사실 방석의 비참한 최후를 지켜본 방과로선 세자 자리가 호랑이 등으로 느껴졌을 법하다.

하지만 방원의 거듭되는 권유로 결국 허락하고 말았다. 방석과 정도전 등이 살해당한 사실을 알게 된 태조는 상심하여 그 다음 달인 1398년 9월에 방과에게 왕위를 물려주었다. 이가 곧 정종이다.

비록 정종이 왕위에 올랐지만 그는 얼굴마담에 불과했고 모든 실권은 방원이 장악하고 있었다. 정종은 자신의 처지를 잘 알고 정무를 돌보는 것보다도 격구 등의 오락에 탐닉했다. 자신에게 정치적 야심이 없다는 것을 방원에게 인식시켜 주기 위한 나름의 보신책이었다.

자주 쓰는 현대 정치 용어로 '레임덕lame duck'이란 것이 있다. 이는 임기 만료를 앞둔 공직자를 '절름발이 오리'에 비유한 것이다. 즉 재선에 실패하는 등의 이유로 남은 권력에 힘이 빠져 통치력이 약화되는 것을 말한다.

정종의 경우는 처음부터 방원이라는 막강 실세가 존재하는 바람에 사실 레임덕이랄 것도 없이 그냥 꼭두각시였다. 1399년 정종은 한양의 지세가 문제가 있고 시설이 미비하다는 이유로 수도를 다시 개경으로 옮겼다.

하지만 환도한 지 1년도 안 되어 1400년 1월 '2차 왕자의 난'이 일어났다. 이는 방원에게 불만을 품은 박포의 충동질로 방간이 거병한 것인데, 사실 방간도 야심이 커 다음 왕위를 노리고 있었다. 두 형제는 개경 한복판에서 시가전을 벌인 끝에 방원 측의 승리로 끝났다.

이후 세제로 책봉된 방원은 병권을 잡아 제일 먼저 왕족과 기타 권력자들의 사병을 혁파하였다. 방원은 사병 혁파 외에도 도평의사사를 대신해 새로 의정부를 설치하고, 중추원을 고쳐 삼군부로 하는 등 정치기구도 개혁하였다.

이제 더 이상 왕위에 있을 필요가 없다고 판단한 정종은 마침내 1400년 11월 11일, 방원에게 왕위를 넘겨주었다. 처음에 태조가 방원을 선택했더라면 그것은 유혈투쟁을 막을 수 있던 지름길이었다.

* 1398년 8월 26일 '조선, 제1차 왕자의 난이 일어나다' 참조
* 1398년 9월 5일 '정종이 즉위하다' 참조
* 1400년 1월 28일 '조선, 제2차 왕자의 난이 일어나다' 참조
* 1400년 2월 4일 '방원을 세자로 책봉하다' 참조
* 1400년 4월 7일 '이방원, 사병제 혁파 단행' 참조

1908년 11월 11일

우리나라 최초의 신극 「은세계」, 원각사 공연

1908년 11월 11일 이인직은 자신이 직접 세운 우리나라 최초의 국립극장 원각사에서 첫 공연작으로 자신의 작품 「은세계」를 상연하였다.

신소설 「은세계」는 비슷한 시기에 동문사에서 간행되었는데, 책 표지에 '신연극'이라고 표시되어 있는 것으로 보아 처음부터 신연극의 각

본으로 쓰려고 집필되었음을 알 수 있다.

옥순, 옥남 남매를 비롯한 최병도 가족의 수난사를 통해 고루한 봉건체제를 개혁하기 위한 개화사상을 고취한 내용으로서, 신소설 중에서도 주제의식이 가장 뚜렷하다고 평가된다.

이인직은 1906년에 「만세보」 주필이 되면서 신소설 「혈의 누」 등 많은 작품을 씀으로써 우리나라에서 처음으로 신소설을 개척하였으며, 신극운동을 활발하게 전개하였다.

그러나 국권피탈 때 매국노 이완용을 돕고 다이쇼大正 일본왕 즉위식에 헌송문을 바치는 등 철저한 친일행동을 했다.

작품으로는 「혈의 누」 외에도 「귀의 성」 「치악산」 「모란봉」 등이 있다.

* 1906년 6월 17일 '「만세보」 창간' 참조

* 1906년 7월 22일 '이인직, 최초의 신소설 「혈의 누」를 연재하다' 참조

* 1913년 2월 5일 '이인직, 「모란봉」 연재' 참조

1920년 11월 11일

동아일보 기자 장덕준, 훈춘사건 취재 중 일본경찰에 피살

1920년 11월 11일 동아일보 장덕준 기자가 만주에서 일어난 훈춘사건을 현지 취재하다가 일본군에게 살해당하였다. 이로써 장덕준은 일본 식민통치하에서 최초로 순직한 언론인으로 기록되었다.

그는 1920년 김성수, 이상협 등과 「동아일보」를 창간한 뒤 발기위원
겸 논설위원으로 있다가 중국 베이징 특파원으로 파견되었다. 그곳에
서 장덕준은 미국 의원단의 활동을 취재하는 동시에 그들에게 한국의
실정을 알리는 활동을 했다.

그 뒤 만주에서 일본군이 한국인을 대량 학살한 훈춘사건을 취재하
다 일본군에게 목숨을 잃은 것이다.

1963년에 건국훈장 독립장이 추서되었다.

* 1920년 9월 12일 '일본군, 제1차 훈춘 사건을 일으키다' 참조
* 1920년 10월 2일 '일본군, 제2차 훈춘 사건을 일으키다' 참조

1977년 11월 11일

이리역 구내에서 화약열차 폭발

1977년 11월 11일 오후 9시 10분경, 다이너마이트 24t을 싣고 인천
을 떠난 지 36시간 만에 이리역(현재 익산역)에 도착한 화약수송열차가
역 구내에서 폭발하였다. 이 사고로 49명이 사망하고, 실종 7명, 중상
293명, 경상 717명 등의 인명 피해가 발생했다.

다이너마이트 24t의 위력은 B29폭격기 12대가 한꺼번에 폭탄을 떨
어뜨린 위력에 해당하는 어마어마한 것이었다. 그래서 인명 피해 외에
도 가옥 전파 675채, 반파 1,289채, 재산 피해 80억 원, 이재민 9,000여
명이 발생하는 등의 피해를 입었다.

이 사고는 광주로 가기 위해 하행선에 대기 중이던 화물열차에 실린

다이너마이트 등 폭약이 폭발하면서 발생하였다. 화약수송원이 술에 취해 열차 내에 촛불을 켜놓은 채 잠이 들었다가 다이너마이트 상자에 불이 옮아 붙은 것이 직접적인 원인이었던 것으로 밝혀졌다.

11월의
모든 역사

11월 12일

■
■
■

1463년 11월 12일

정척·양성지,「동국지도」를 완성하다

전 판한성부사 정척·동지중추원사 양성지 등이「동국지도東國地圖」
를 바쳤다. 이보다 앞서 정척과 양성지 등에게 명하여 의정부에 모
여서「동국지도」를 상고하여 확정하게 하였었는데, 이때에 이르러
완성되었던 것이다.

-『세조실록』

　군인들에게 지도를 읽을 수 있는 '독도법讀圖法'은 필수적인 지식이다. 수색과 정찰 또는 부대의 이동으로 길을 잃었을 경우에 지도가 훌륭한 가이드 역할을 하기 때문이다. 이처럼 지도는 길 안내를 위한 것이 본질이긴 하지만 거기에는 당시의 시대 상황과 문화가 고스란히 담겨 있기도 하다. 마치 조개무지에 선사시대의 생활상이 깃들어 있듯이 말이다.

　기록상으로는 삼국시대에도 지도가 제작된 것으로 알려져 있다. 하지만 현존하는 지도는 조선시대 이후의 것이라고 보면 거의 틀림없다. 이 중 「동국지도」는 현지를 답사하며 실측한 것으로 유명하다.

　지도를 제작하는 기법으로는 이미 2세기에 중국의 장형에 의해 '방격도법方格圖法'이 도입되었다. 이것은 바둑판처럼 종이 위에 모눈을 그어 모든 지역이 같은 비율로 나타나게 만든 것이다. 3세기에는 배수가 새로 6체六體의 원리를 들고 나왔다.

　6체란 분율(축척), 준망(모눈), 도리(길이), 고하(높낮이), 방사(직각과 예각), 우직(곡선과 직선)을 뜻하는 것으로 그만큼 과학성이 증진된 것이다. 『동문선』에 따르면 고려시대에는 한반도의 윤곽과 모양을 실제와 비슷하게 지도로 만들었다고 하는데, 이는 6체의 원리가 잘 응용되고 있음을 말해 준다. 조선시대에 들어와서는 고려 때 축적된 기술을 바탕으로 본격적인 지도 제작이 시작되었다.

　1402년에는 김사형과 이회 등이 「혼일강리역대국도지도」라는 최초의 세계지도를 만들었다. 여기에는 100여 개의 유럽 지명과 55개의 아프리카 지명이 등장하였다. 또 바다는 초록으로, 하천은 파랗게 칠해져 당시 이슬람 문명과의 교류도 짐작케 하였다.

　한편 우리나라를 그린 본국지도로는 이회의 「필도도」를 대표적으로 꼽을 수 있는데, 이것은 「혼일강리역대국도지도」에 그려진 조선 부분으

로 보면 된다. 이「팔도도」는 뒤에 등장하는『동국여지승람』의「팔도총
도」보다도 오히려 지도의 윤곽이 더 실제와 가까울 만큼 우수한 것이다.

　그러나 조선시대에서 지도가 가장 활발하게 제작된 때는 15세기와
18세기였다. 이 시기는 세종과 성종, 영조와 정조 등의 치세와 일치하
여 문화가 꽃피었던 시기라 지도 제작도 왕성했음을 알 수 있다.

　세종대에 이르러 영토의 확장과 국경의 확정으로 이 사실을 반영하
는 지도의 제작이 시급히 요청되었다. 그리하여 세종은 1434년 호조에
명을 내려 옛 지도의 오류를 시정할 새로운 지도를 제작토록 하였다.
이때에는 천문과 과학 등의 급속한 발전으로 지도 제작 방법이 획기적
으로 개선되었다.

　먼저 세종은 각 지역의 수령들에게 지도에 들어갈 필요한 사항들을
알려주며 자료를 조사해 보고하라고 하였다. 아울러 지리에 통달한 전
문 관료와 지관, 화공 등을 직접 현지에 파견하여 상세하게 산천지형을
그리도록 하였다.

　실제로 새로 행정구역이 개편된 평안도와 함경도, 4군 6진 지역에 정
척이 내려가 주군의 거리를 실제로 측정하면서 지도를 제작한 기록이
있다. 이를 바탕으로 정척도「팔도도」를 만드는데, 이는 실측에 의한 선
구적인 업적이었다.

　정확한 지도를 만들기 위한 작업은 이후에도 계속되었다. 양성지는
단종 때「팔도도」「주부군현도」등을 제작하라는 수양대군의 지시로
하삼도를 돌아다니며 지형과 산세를 직접 조사하였다.

　이미 간의簡儀나 혼천의渾天儀 등의 발명으로 위도와 경도의 측정이 가
능했고, 기리고차記里鼓車라는 기구는 거리를 실측하는 데 유용하게 활용
되었다. 이것은 북을 치는 인형이 매달려 있어 10리를 갈 때마다 자동

으로 북을 쳐주는 기구였다. 한 시간마다 뻐꾸기가 나와서 시각을 알려주는 요즘의 뻐꾸기시계를 떠올리게 한다.

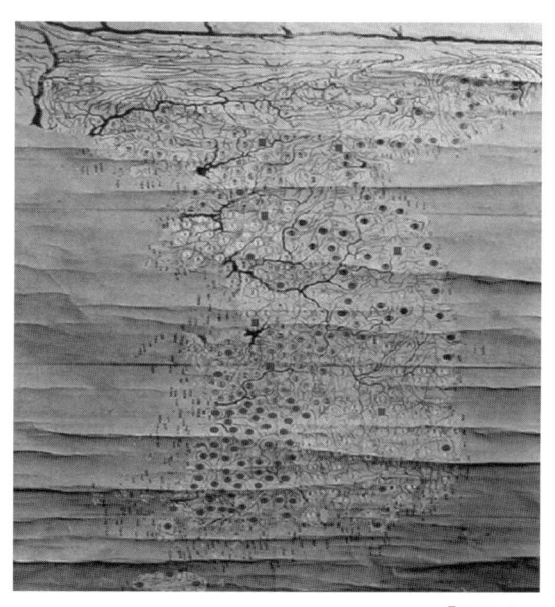

「동국지도」

이런 정척과 양성지의 열정 가득한 작업은 마침내 1463년 11월 12일에 그 결실을 맺었다. 세조의 명으로 이전 자료들을 망라하여 「동국지도」를 완성한 것이다.

고려의 「5도양계도」, 이회의 「팔도도」, 정척의 「팔도도」 등을 모두 참고한 가히 조선 초기 지도의 종합편이었다. 여기에는 그 지방의 위치, 도로의 원근, 하천의 유로, 인접한 군현의 경계, 산맥의 방향 등이 정확하게 나타나 있었다.

비록 고지도는 그 정밀성에서 현대의 지도에 현저히 떨어지지만 국토에 대한 따스한 애정과 사람 냄새가 짙게 배어 있다. 어쩌면 그것이 고지도의 진짜 매력일지도 모른다.

정척과 양성지가 만든 「동국지도」는 영조대에 만들어진 정상기의 「동국지도」의 밑바탕이 되었다.

1962년 11월 12일

김종필 · 오히라, 메모를 작성하다

김종필 중앙정보부장과 오히라 마사요시 일본 외상이 한일협정 체결 2년 7개월 전인 1962년 11월 12일 메모를 작성했다. 일명 '김종필 · 오히라 메모'였다.

일본에 대한 한국의 청구권 협상은 1952년 시작된 이래 오랫동안 교착상태에 빠져 있었다. 이에 박정희 군사정권은 1962년부터 실시할 경제개발 5개년 계획에 필요한 자금을 확보하기 위해 협상을 적극 추진하게 되었다. 또 일본을 후방보급기지로 활용하려는 안보 차원의 고려도 있었다. 일본 역시 무거운 과제였던 청구권 문제를 군사정권과 해결하는 게 유리하다는 판단에서 이에 응했다.

결국 이 '김종필 · 오히라 메모'가 대일對日 청구권 타결에 결정적인 역할을 했다. 한일 양국이 과거사 문제를 두고 정치적으로 흥정을 한 결과, 대일 청구권 해결 규모를 '무상 3억 달러, 유상차관 3억 달러, 민간차관 1억 달러 이상'으로 한다는 내용으로 정리하게 된 것이다.

그러나 이 메모에는 유 · 무상 원조금액의 명목, 즉 청구권인지 경제협력금인지에 대한 언급이 없어 향후 회담의 진전을 막는 걸림돌로 작용을 하였다. 또 청구권 문제를 포괄적으로 해결함으로써 개인 청구권 문제가 소멸되었다는 일본의 주장이 나오게 되었다.

이후 청구권 문제는 4월 3일에 이동원 외무장관과 시나 일본 외상이 가서명한 '이동원 · 시나 합의'로 구체적인 원조금액이 정해짐으로써 '완전히 그리고 최종적으로 해결된 것'으로 정리되었다.

* 1962년 1월 13일 '제1차 경제 개발 5개년 계획 발표' 참조
* 1962년 10월 20일 '중앙정보부장 김종필, 일본에서 오히라 마사요시와
  청구권 자금을 논의하다' 참조

—

1920년 11월 12일

조선징발령 제정 · 공포

—

1920년 11월 12일 일제는 '조선징발령'을 제정하고, 이를 공포하였다. 이는 조선 백성들의 치열한 반항이 계속되자 일제가 반일투쟁을 탄압하고, 침략전쟁 수행에 필요한 군수물자를 강제 약탈하며, 강제부역에 동원할 목적이었다.

'조선징발령'은 12월 1일부터 시행에 들어가 일제는 조선 백성들로부터 식량, 군수물자, 운수기계, 트럭 등 전쟁에 필요한 물자를 약탈하고 군 부역으로 수십만 명의 조선 농민들을 강제징발하였다.

이를 통해 전략적 군용시설, 철도 및 도로 부설, 비행장 건설, 항만 확장, 광산, 탄광 개발, 폭압 기관 건설 등을 진행하였다.

—

1887년 11월 12일

미국의 선교사 언더우드, 새문안교회 예배당 신축

—

1887년 9월 27일 미국인 선교사인 언더우드 목사는 정동에 있는 자신의 사택에서 14명의 한국인들과 함께 예배를 드렸다. 그는 그곳 이

름을 '새문안교회'라고 이름 지었다. 새문안이란 돈의문이 옮겨져 서울 성벽에 새 문이 났는데, 그 문 안쪽에 있다고 해서 붙여진 이름이었다.

이날 언더우드는 참석자 중에서 3명의 한국인에게 세례를 베풀었으며, 2명의 장로가 선출되었다. 이로써 우리나라 최초의 조직교회가 시작되었다.

14명으로 시작한 새문안교회는 1895년 청일전쟁 후 교인이 급증하였다. 이에 언더우드는 1887년 11월 12일 예배당을 신축하였다. 이어 1910년에 현재의 교회 자리(서울 종로구 서신문로 1가 42번지)로 이전하였다가 1972년에 기존을 건물을 헐고 새로 건물을 지어 현재에 이르고 있다.

2012년 현재 새문안교회는 대한예수교장로회 통합 측 서울노회에 속해 있으며 담임목사는 이수영이다.

11월의
모든 역사

11월 13일

1970년 11월 13일

노동운동가 전태일, 근로조건 개선을 요구하며 분신자살하다

"태일이는 사람을 참 좋아했어. 같은 노동자를 너무도 사랑했다고. 그러니 열사나 투사보다 그냥 동지라고 불러 줬으면 좋겠어. 태일이는 지금도 노동자와 함께하는 동지라고, 제발 그렇게 불러달라고 전해줘. 태일이는 날 참 좋아했어. 아직도 이 옷을 못 버리고 겨울이 오면 꼭 챙겨 입는데, 태일이가 공장에서 남은 천으로 엄마 준다고 손수 만들어 준 내의야. 누가 새 옷 입으라고 사 줘도 안 입고 난 이것만 입어."

-이소선, 전태일의 어머니

2005년 10월 1일, 그동안 굳게 닫혔던 청계천의 물길이 마침내 활짝 열렸다. 청계천의 복원으로 천문학적 액수의 경제 파급 효과와 눈에 띄는 환경 개선이 기대된다는 장밋빛 추측들이 자못 우리를 들뜨게 하였다.

하지만 단지 그것뿐이라면 달라진 청계천은 결코 아름다운 꿈을 실어 나르지 못한다. 사람 사는 세상을 꿈꾸었던 전태일의 정신이 깃들어 있을 때라야 비로소 그 진정한 의미를 찾을 수 있다. 그럴 때 재탄생한 청계천은 어느 표현처럼 개발시대에서 복지시대로 건너가는 하나의 상징이 될 수 있을 것이다.

'아름다운 청년'이라는 수식어가 정말로 잘 어울리는 전태일은 1948년 8월 대구에서 전상수와 이소선 사이에서 태어났다. 1954년 가족들을 데리고 서울에 올라온 아버지는 재봉 기술을 바탕으로 처음엔 사업에 성공하는 듯싶었으나 브로커에게 큰돈을 떼이면서 하루아침에 알거지가 되고 말았다.

낙담한 아버지는 술독에 빠지고 충격을 받은 어머니는 정신이 흐려지기도 하였다. 이에 전태일은 학교도 그만두고 신문팔이부터 시작해서 삼발이 장사, 구두닦이 등을 전전하며 가정을 돌보았다.

그러다가 1965년 아버지에게 배운 재봉 기술이 있어 평화시장 삼일사에 견습공으로 들어갔다. 떠돌이 생활을 면하고 안정된 직장을 잡긴 했지만 작업 환경은 이루 말할 수 없이 열악했다.

몇 평 되지도 않는 코딱지만한 작업장에 재단판과 여러 대의 재봉틀, 거기에 맞댄 보조판, 그리고 여러 명의 작업자들이 있었다. 더구나 원래 3m 높이의 방을 공중에 칸막이를 설치해 두 방으로 나누는 바람에 작업자들은 허리를 잔뜩 꾸부리고 길어야만 했다. 이것이 바로 그 악명 높은 '다락방'이었다. 업주들이 어떻게 해서든 더 많은 이익을 내고자 무리하게 사업장을 개조한 것이다. 실로 노동지옥이 따로 없었다.

너무나 고생하는 어린 여공들을 돕기 위해 재단사가 된 전태일은 우연히 아버지를 통해 근로기준법이 있다는 것을 알게 되었다. 거기 들어 있는 내용은 실로 노동자들에겐 생명수 같은 구절들이었다. 가령 노동자들은 일주일에 한 번씩은 쉴 수 있는 권리가 있었다.

전태일은 동료 재단사들에게 이런 놀라운 사실을 알려 주면서 근로조건을 개선하기 위해 1969년 6월 '바보회'를 창립하였다. 회장으로 뽑힌 그는 법의 내용을 좀 더 자세히 알고자 근로기준법 해설서를 샀다. 하지만 배우지 못한 그에겐 내용이 너무 어려워 평소 입버릇처럼 "대학생 친구가 있었으면 원이 없겠다"고 주위에 말하곤 했다.

바보회가 창립된 후 전태일은 노동자를 선동한다는 이유로 해고되었다. 그는 이제 평화시장에 문제의 인물로 소문나 다른 곳에도 취직하기 힘들었다. 이후 막노동판을 전전하다가 평화시장의 열악한 노동 환경을 개선하는 데 전부를 바치겠다며 1970년 9월 다시 그곳에 돌아왔다.

전태일은 예전의 바보회를 발전시켜 '삼동친목회'를 다시 조직하였다. 그리고 그 첫 사업으로 몰래 시장에 노동실태를 조사하는 설문지를 돌려 126장을 회수하였다. 전태일은 이를 근거로 90명의 서명을 받아 노동청에 근로개선 진정서를 제출하였다.

다음 날 평화시장 노동자들의 참상이 경향신문 사회면에 톱기사로 실렸다. 기쁨에 들뜬 전태일과 그 일행은 신문 300부를 구입해 평화시장에 돌렸다.

그리고 다음 날, 전태일 등은 회사를 찾아가 작업시간 단축, 임금 인상, 다락방 철거 등을 요구하였다. 회사와 노동청은 요구를 들어줄 듯하면서 수차례 약속을 어겼다. 이에 전태일과 삼동회 회원들은 분노하여 허울만 있고 지켜지지도 않는 근로기준법을 화형시키기로 결의했다.

드디어 약속된 11월 13일이 찾아왔다. 시위 소식을 들은 500여 명의 노동자들은 국민은행 앞으로 모여들었다. 그러나 미리 알고 출동한 경찰들의 거친 몽둥이 진압으로 노동자들은 이리저리 떼밀리고 있었다. 바로 그때였다. 온 몸이 불길에 휩싸인 태일이 그 앞으로 뛰쳐나왔다. 그는 "근로기준법을 준수하라!" "우리는 기계가 아니다! 일요일은 쉬게 하라!" 등의 구호를 외쳤다. 그렇지만 이내 길바닥에 쓰러졌다.

그 위로 누군가 근로기준법 책자를 던졌다. 친구 하나가 달려들어 점퍼로 불을 껐고 뒤늦게 기자들이 몰려들었다. 전태일은 "내 죽음을 헛되이 하지 말라!"는 말을 남기고 곧 병원에 실려 갔다.

그리고 이날 밤 10시경, 어머니 이소선에게 자신의 뜻을 이루어달라는 유언을 남기고 끝내 세상을 떠났다. 하지만 인간다운 삶을 희망하는 모든 사람들에게 그는 영원히 꺼지지 않는 횃불로 남았다.

1538년 11월 13일

성주사고에서 화재 발생

1538년 11월 13일 경북 성주에 있던 성주사고에서 화재가 났다. 이로 인해 보관 중이던 실록이 타 버렸다. 건물이 고을 부근에 있어 민가와 인접하였기 때문에 화재의 위험이 높았던 탓으로 보인다.

화재가 난 뒤 중층누각 형태의 2층 건물은 다시 지어졌으며, 타 버린 실록은 보인補印또는 정서正書하여 1540년에 봉안히였다.

사고史庫란 고려 및 조선시대 나라의 역사기록과 중요한 서적 · 문서를 보관한 국가의 서적고를 가리킨다. 성주사고는 충주 · 전주의 사고 와 함께 3대 사고라 해서 역대 실록의 안전을 위해 지방에 분산 보관하 던 곳이었다.

세종 21년(1439)에 전라도의 전주사고와 함께 건립되었고, 1445년 태조 · 정종 · 태종의 실록부터 봉안하였다. 이곳에는『명종실록』까지 보관되었으며, 임진왜란 때는 병화를 피하기 위하여 실록궤를 모두 땅 에 묻었으나, 왜군이 선조 25년(1592) 6월에 이를 파내어 태웠으며 사 고 건물도 전란 중 불탔다.

임진왜란 뒤에는 강화도 · 묘향산 · 태백산 · 오대산 등에 사고를 세 우게 됨으로써 성주사고는 다시 복구되지 않았다. 따라서 지금은 터의 위치도 확인할 수 없다.

* 1410년 1월 2일 '『조선왕조실록』 편찬이 시작되다' 참조
* 1473년 8월 26일 '조선의 성종, 전주사고 실록각에 실록을 이안하다' 참조
* 1571년 4월 21일 '『명종실록』이 완성되다' 참조

1921년 11월 13일

우리나라 최초의 비행사 안창남, 비행 대회 우승

1921년 11월 13일 우리나라 최초의 비행사 안창남이 일본 비행 협회 에서 개최한 도쿄-오사카 간 우편비행 경기에서 일본인들을 물리치고 우승하였다. 이에 그는 일제시대 우리 민족의 우상이 되었다. 자전거경

주에서는 엄복동이 일본인을 누르고 우승했다 해서 "하늘에는 안창남, 땅에는 엄복동"이란 말이 유행할 정도였다.

이후 안창남은 독립운동을 하기 위해 상하이로 가, 옌시산 장군 휘하의 타이위안 비행학교 교관이 되었다.

하지만 중국의 혁명전선에 참가했다가 1930년 4월 2일 비행기 추락 사고로 숨졌다.

* 1930년 4월 2일 '우리나라 최초의 비행사 안창남 사망' 참조

1992년 11월 13일

육군 사조직 '알자회' 파문

1992년 11월 13일 육사 출신 일부 영관·위관 장교들이 1976년부터 '알자회'라는 육군 내 사조직을 꾸려 운영해 온 것으로 언론에 의해 공개되었다.

알자회는 '서로를 잘 알고 지내자'는 뜻의 이름으로, 육사 34기부터 43기까지 각 기별로 10~12명씩 모두 120명으로 구성된 사조직이었다.

이 알자회 회원들이 진급과 보직에서 특혜를 받고 있다며 비회원 장교들이 반발하는 바람에 조직이 공개되었다.

이후 회원 대부분은 불이익을 받아 진급을 못하거나 전역하는 것으로 사태가 수습되었다.

11월의
모든 역사

11월 14일

.
.
.

1487년 11월 14일

상당부원군 한명회가 사망하다

한명회는 서른이 넘도록 계속 과거에 떨어지자 결국 포기하고 1452년 경덕궁을 지키는 말단관리가 되었다. 이때 그의 나이 서른 여덟, 세상은 누구 하나 그를 주목하지 않았다.

그러나 이듬해 수양대군의 책사가 되어 계유정란을 성공시키자 모두가 깜짝 놀랐다. 이때 그가 직접 작성한 살생부는 수많은 대신들의 삶과 죽음을 결정했다.

그는 정란의 1등 공신으로 승진을 거듭해 결국 신하로선 최고의 자리인 영의정까지 올랐다. 게다가 두 딸을 예종과 성종에게 시집보내 2대에 걸쳐 왕의 장인이 되는 기염을 토하기도 했다.

3호선 지하철을 타고 '압구정역'을 지날 때면 가끔 승객들끼리 역 이름을 놓고 문답을 벌이는 장면을 목격할 수 있다. 그만큼 발음상으로도 독특하고 뜻도 일반 개념으로는 풀어내기 힘들다는 반증이다. 그도 그럴 것이 여기엔 역사적 내용이 잔뜩 묻어 있기 때문이다.

'압구정狎鷗亭'은 '세상 욕심을 잊고 강가에서 갈매기와 벗하며 지낸다'는 뜻으로 바로 한명회가 지은 정자 이름이다. 그러나 '압구정'은 한명회의 권력을 과시하는 또 하나의 상징이 되어 그 낭만적 이름을 민망스럽게 만들었다.

세상을 자기 손안에 넣고 쥐락펴락 하였던 한명회는 1415년 한기의 아들로 태어났다. 그는 일곱 달 만에 출생한 칠삭둥이라 처음엔 형체도 제대로 갖추어지지 못했다. 또 등과 배 위엔 검은 점들이 있었는데, 그 모양이 마치 북극성과 북두칠성 같았다.

글을 읽어 자못 학식을 쌓았지만 서른이 넘도록 과거만 봤다하면 떨어졌다. 이에 그는 평생의 벗 권람과 전국의 산천을 떠돌며 간혹 해가 바뀌어도 집으로 돌아오지 않았다. 언젠가 한명회는 권람을 향해 "문장과 도덕은 내가 그대를 따를 순 없지만 세상을 다스리는 일은 내 어찌 양보하겠는가."라고 하였다. 그의 젊은 가슴 속에 야망이 불꽃처럼 이글거리고 있음을 볼 수 있다.

권람은 1450년 서른다섯의 늦은 나이로 마침내 과거에 급제하였다. 하지만 한명회는 과거를 통한 벼슬길을 포기하고 1452년 할아버지나 아버지의 음덕蔭德에 따라 그 자손을 관리로 서용하는 제도인 문음門蔭을 통해 겨우 송도의 경덕궁직이 되었다.

마흔을 바라보는 나이에 말단 궁시기가 된 그를 세상은 그저 싸늘한 눈초리로 바라보았다. 아니 실제로 큰 모욕을 당하기도 했다. 날씨도

화창한 어느 명절날, 개성부에 근무하는 한양 출신의 관원들이 만월대
에 모두 모였다. 이때 즉석에서 친목계가 조직되어 한명회도 가입을 원
하였다. 하지만 이들은 비웃기만 하고 끼워주질 않았다. 이듬해 한명회
가 계유정란으로 크게 성공하자 당시 계원들은 무릎을 치며 후회했다.

　병약한 문종이 죽고 12세의 어린 단종이 왕위에 오르면서 정세는 급
박해졌다. 문종으로부터 단종의 앞날을 부탁받은 황보인과 김종서는
소위 '황표정사黃票政事'를 통해 왕권을 능가하는 권력을 행사하였다.

　이에 한명회는 수양대군과 가까웠던 권람을 만나 다음과 같이 말하
였다.

　"지금 왕이 어리고 나라가 위태로운데 간사한 무리들이 권세를 함부로 하
　고, 안평대군은 마음에 딴 뜻을 품고 대신들과 어울리니 사태가 급박합니
　다. 난국을 해결한 인물은 수양대군밖에 없습니다."

　권람이 이 말을 수양에게 전하여 마침내 역사의 큰 회오리를 몰고 올
둘의 만남이 이루어졌다.

　이때부터 한명회는 수양의 책사가 되어 모든 일을 기획하고 사건이
터지면 해결사가 되었다. 무사 홍달손과 양정 등을 수양의 휘하로 끌어
들여 결전에 대비한 것도 한명회였다. 수양으로선 유비가 제갈량을 얻
은 것처럼 고기가 물을 만난 격이었다.

　모든 준비가 끝나자 이들은 거사일을 10월 10일로 잡았다. 한명회는
직접 살생부를 작성하여 죽이고 살릴 자를 결정하였다. 마침내 거사가
시작되고 모든 것은 한명회의 계략대로 순조롭게 진행되었다. 김종서
와 황보인, 그리고 안평대군 등 주요 인물들이 모두 제거되었다. 바로

'계유정란'이었다.

수양은 쿠데타가 성공한 후 금방 왕위에 오르지 않고 적당히 뜸을 들이다가 1455년 단종의 형식적인 선양을 받아 왕위에 올랐다. 정란의 성공과 함께 한명회는 1등 공신에 올랐다.

세조 즉위 후에도 한명회는 사육신의 단종 복위 계획을 사전에 탐지하여 그를 좌절시키는 공을 세웠다. 이후 좌승지를 거쳐 도승지, 판서, 우의정, 좌의정 등 요직을 두루 거치며 1466년 영의정에 올랐다. 일개 궁지기에서 10여 년 만에 신하로선 더 이상 오를 수 없는 정상에 오른 것이다.

세조가 죽고 예종이 즉위했지만 1년 2개월 만에 죽자 한명회는 세조의 비 정희왕후와 결탁하여 예종의 아들을 제치고 자산군을 왕위에 올렸다. 바로 이가 성종으로, 한명회에게는 사위가 된다. 예종의 비도 그의 딸이고 보면 한명회는 2대에 걸쳐 국왕의 장인이 된 것이다.

그는 늙어서까지도 권세란 권세는 모두 다 누리며 세상을 호령했지만 끝내 나이를 이기지 못하고 1487년 11월 14일에 눈을 감고 말았다.

"크고 작은 사건에 청주 한씨가 개입되지 않고는 일이 성사되지 않았다"

청주 한씨에 대한 세간의 평은 특히 한명회를 두고 한 말인 듯싶다.

* 1455년 6월 11일 '수양대군, 단종을 폐위하고 세조에 즉위하다' 참조
* 1456년 6월 2일 '성삼문, 박팽년 등 단종 복위 계획을 꾀하다 발각되어 처형당하다' 참조

1969년 11월 14일

불국사 중창 시작

1969년 11월 14일 문화공보부가 박정희 대통령의 발원에 의해 총공사비 1억 9,700만 원을 들여 1971년 6월 30일까지 3년 동안 연차적으로 추진하는 불국사의 대규모 중창 작업을 시작하였다.

이 공사로 부설전, 비로전, 관음전, 좌경루, 대웅전 지역회랑 및 천랑, 극락전 지역회랑 및 천랑, 석난간, 구품연자, 저수지, 축대보수, 정문개보수, 계곡개수, 도로정비 및 정화, 경내 식수 등 모두 14개 부문의 문화재가 복원되었다.

불국사는 751년 신라 경덕왕 때 김대성이 창건하여 774년 신라 혜공왕 때 완공한 절이다. 토함산 서쪽 중턱의 경사진 곳에 자리하고 있으며 심오한 불교사상과 천재 예술가의 혼이 독특한 형태로 표현되어 있는 뛰어난 예술품이다.

사적 · 명승 제1호로 지정 관리되고 있으며 1995년 12월 석굴암과 함께 세계문화유산으로 공동 등록되었다.

* 1995년 12월 6일 '불국사 · 석굴암, 세계문화유산 등록' 참조

1921년 11월 14일

우리나라 최초의 영화 「월하의 맹서」 제작

1921년 11월 14일 작가이자 연극계 선구자인 윤백남이 자신이 이끌던 민중극단 단원들을 동원하여 우리나라 영화사상 최초의 극영화로 기록되고 있는 「월하의 맹서」 제작에 들어갔다. 윤백남이 각본과 감독을 맡아 이듬해부터 촬영을 시작하였다.

저축 장려를 위한 계몽을 목적으로 조선총독부 체신국에서 제작하였는데, 촬영과 현상은 일본인이 하였다.

이 영화로 우리나라 영화사상 최초의 여배우 이월화가 데뷔하였다. 이 영화는 1923년 4월 9일에 처음으로 상영되었으나 극장에서 개봉되지는 않았다. 이후 전국을 순회하며 상영되었다.

* 1923년 4월 9일 '최초의 극영화, 「월하의 맹서」 상영' 참조

11월의
모든 역사

11월 15일

:
:

1478년 11월 15일

서거정 등이 『동문선』을 편찬하다

국성麴聖의 자字는 중지中之이니, 주천酒泉 고을 사람이다. 어려서 서막徐邈에게 사랑을 받아, 막邈이 이름과 자를 지어 주었다. (……) 성聖이 어려서부터 이미 깊숙한 국량局量이 있어, 손님이 아비를 보러왔다가 눈여겨보고 사랑스러워서 말하기를, "이 애의 마음과 그릇이 출렁출렁 넘실넘실 만경萬頃의 물결과 같아 맑혀도 맑지 않고, 뒤흔들어도 흐리지 않으니 그대와 더불어 이야기함이 성聖과 즐거함만 못하이." 하였다. 자라나자 중산中山 유령과 심양 도잠과 더불어 벗이 되었다. (……) "또한 그릇이 차면 엎어지는 것은 물物의 상리常理 이온데, 이제 신臣이 소갈의 병을 만나 목숨이 뜬 거품보다 급박하오니 바라옵건데, 한번 유음兪音을 토하시와 물러가 여생을 보전하게 하옵소서." 하니 임금께서 우소優詔를 내려 불윤不允하시고, 중사中使를 보내어 송계松桂・창포菖蒲 등 약물藥物을 가지고 그 집에 가병病을 살피게 하였다. 성聖이 여러 번 표表를 올려 굳이 사양하니, 위에서 부득이 허락하고 마침내 고향에 귀로歸老하여 천수天壽로 세상을 마쳤다.

　　　　　　　　　　　－이규보, 「국선생전麴先生傳」『동문선』에 수록

헌책방들을 돌아다니다 보면 가끔 저자의 친필 사인이 들어 있는 책들을 만나게 된다. 이런 책들은 대개 저자가 특정인에게 기증한 것이다. 지식인들 사이엔 특히 이런 문화가 발달하여 아는 누군가가 책이라도 내게 되면 은연중에 기증을 기대하는 것도 사실이다.

1569년 조정에서는 『동문선東文選』을 새로 판각하여 신하들에게 하사품으로 돌렸다. 당시 시골에서 이 소식을 들은 퇴계 이황은 한양에 있던 손자에게 편지를 써 자신이 무료 증정 명단에 있는지를 물었다. 조정의 부름을 자꾸 거절해 찍히긴 했지만 천하의 퇴계에게 그 책을 생략할 리 만무했다. 예나 이제나 학자들의 책 욕심이 이러하다.

당시 퇴계가 받기를 소망했던 『동문선』은 그때로부터 약 1세기 전인 1478년 11월 15일 서거정의 주도로 편찬된 시문집이다. 성종은 세종 이후 활짝 꽃핀 조선의 문화를 정리하고 집대성했는데, 『동문선』은 그중 하나였다. 성종은 서거정에게 다음과 같이 지시하였다.

> 우리나라의 문장이 찬란해 볼 만한 것이 많으니 서거정은 신라에서 조선
> 에 이르기까지의 시문을 한곳에 모아 예원의 모범이 되게 하라.
>
> ─『문헌비고』

물론 지난날의 문화를 종합하고 정리하는 것이 일차적인 목적이겠지만, 이를 통해 이후 새문화의 기틀을 마련하기 위해서였다.

서거정은 조선 초기 대제학을 지낸 권근의 외손자로 수차례 과거에 급제하고, 육조판서를 두루 거쳤으며, 영의정을 배출한 것보다도 더 영광이라는 대제학을 23년이나 역임한 인재 중의 인재였다. 경학과 문장에 뛰어난 것은 물론, 천문과 지리, 의술과 점술, 그 어느 곳에도 막힘이

없어 가히 '걸어 다니는 백과사전'이었다.

　그는 성종의 명을 받자 노사신·강희맹 등 23명의 찬집관과 함께 삼국시대부터 조선 초기에 이르는 수많은 작품들을 하나로 묶어냈다. 이것은 그 무렵을 전후해 나온 국가의 편찬물들 중 가장 그 규모가 방대했다.

　이렇게 하여 책이 완성되자 성종은 기뻐하며 『동문선』이라는 이름을 내렸다. 즉 우리나라의 '문선文選'이라는 뜻이다. 『문선』이란 중국 양나라의 소명태자가 진·한 이후의 대표적인 시와 문장을 모아 엮은 책으로 당나라에 들어오면서부터 성행한 유명한 시문집이다.

　그런데 『동문선』은 이것 말고도 40여 년 뒤 신용개가 그 속편을 편찬한 것과 1713년 송상기 등이 편찬한 또 다른 하나가 있다. 이에 서거정의 것을 『정편 동문선』, 신용개의 것을 『속동문선』, 송상기의 것을 『신찬동문선』으로 구별해 부르기도 한다. 하지만 수록된 분량이나 역사적, 문학적 의의를 감안할 때, 맨 처음 『동문선』이 가장 주목을 끈다.

　서거정은 『동문선』에 실린 서문을 통해 자주성과 자부심을 드러냈다.

　우리나라의 문학은 송과 원나라의 문학이 아니고, 한과 당나라의 문학도
　아니며 바로 우리의 민족문학이다. 마땅히 역대 중국의 문학과 나란히 익
　히고 사용해야 하거늘 어찌 인멸시켜 전하지 않을 수 있겠습니까.

　그는 또 삼국시대부터 당대에 이르기까지 여러 부류의 글을 수집하되, 주제가 건전하여 교화에 도움이 될 만한 것들을 취하였다고도 밝혔다. 이는 『동문선』이 단순한 글 모음이 아니고 체제의 정통성을 강조하기 위한 의도도 담겨 있다는 고백이다.

『동문선』은 목록까지 합해 133권으로 구성되었는데, 을지문덕 · 최
치원 · 설총을 비롯해 김부식 · 이규보 · 정도전 등 500여 명에 이르는
인물의 글 4,300편이 실려 있다. 이것들은 시詩 · 사辭 · 부賦 · 조칙詔勅 ·
교서教書 · 행장行狀 · 묘지墓誌 등 55종으로 세밀하게 배치되었다. 이는
『문선』의 39종보다도 많은 것이다. 가급적 많은 문체에 많은 작품을 올
리려 했다는 것을 알 수 있다.

을지문덕이 수나라의 우중문을 꾸짖은 그 유명한 「여수장우중문시」
도 여기에 들어 있다. 비록 유교적 내용을 위주로 하고 있지만 불교와
관련한 글도 일부 취급해 사상의 다양성도 엿보인다.

방대한 분량과 짜임새 있는 편집으로 『동문선』은 후대의 모범을 제
시했으나 이에 대한 비판도 적지 않았다. 성현은 "이것은 종류별로 뽑
았을 뿐 엄선한 것은 아니다."라며 깎아 내렸고, 사림의 영수 김종직은
『동문선』이 작품보다는 인물 위주로 글을 골랐다며 따로 『동문수』를
내기도 했다. 이수광도 "작품을 광범위하게 고르긴 했지만 너무 선택자
의 주관적 선호에 좌우되었다."며 공평성의 부족을 비판했다.

하지만 당대에는 별 의미를 지니지 못하는 것도 세월이 두터워지면
그 의미도 달라지는 법이다. 타의 추종을 불허하는 『동문선』의 양적인
풍부함은 후대의 연구가들에게는 축복인 것이다.

1895년 11월 15일

김홍집 내각, 단발령 단행

을미사변 이후 김홍집 내각이 내정개혁의 일환으로 1895년 11월 15일부터 음력을 폐지하고 백성들의 머리를 깎게 한 단발령을 전국에 시행하였다. 이는 당시에 미국을 견문하고 돌아온 개화 내각의 내부대신 유길준을 비롯한 세 명의 해외 견문 유경험자들이 발의한 것이다.

이에 따라 고종이 솔선수범하기 위해 먼저 머리를 깎았으며, 유길준은 고시告示를 내려 관리들로 하여금 가위를 들고 거리나 성문 등에서 강제로 백성들의 머리를 깎도록 하였다.

그러나 백성들의 반감은 예상보다 훨씬 심했다. '신체발부수지부모身體髮膚受之父母'이므로 부모에게서 받은 머리에 감히 손대지 않는다는 유교의 가르침에 철저했던 많은 선비들이 이에 완강히 저항하고 나섰던 것이다.

당시 배일 감정이 팽배한데다 김홍집 내각은 친일내각이라는 인식이 지배적이었던 상황에서 국민감정을 무시한 개혁이었기에 백성들은 분개하여 단발령을 반대할 뿐만 아니라 의병을 일으켜 정부시책에 대항하였다.

정부에서는 친위대를 파견하여 의병 활동을 진압했지만, 결국 김홍집 내각은 무너졌고 김홍집도 피살됨으로써 개혁은 실패로 돌아갔다.

* 1895년 4월 19일 '김홍집 내각, 을미개혁 단행' 참조

* 1896년 1월 4일 '조선의 의병들, 명성황후 시해와 단발령에 저항해 봉기' 참조

* 1907년 8월 26일 '순종, 단발을 시행하다' 참조

―

1918년 11월 15일

여운형, 상하이에서 미국 대통령 특사와 회견

―

신한청년단 소속의 독립운동가 여운형이 상하이에서 제1차 세계 대전 이후 미국의 대통령 특사로 중국에 파견되었던 크레인을 만났다. 1918년 11월 15일의 일이었다.

여운형은 크레인을 환영하는 집회에 범태평양회의 회원 자격으로 참석한 뒤 개인적으로 크레인을 방문하였다. 그는 파리 평화회의에 한국 민족 대표도 참석할 수 있도록 협조를 요청했다.

이어 11월 28일에는 신한청년당 대표 여운형의 이름으로 작성된 「한국독립에 관한 진정서」 2통을 파리 평화회의 의장과 미국 대통령 윌슨에게 전달해 달라고 의뢰하였다.

이후 신한청년당은 김규식을 신한청년당 대표 겸 한국 대표로 선정해 1919년 2월 1일 파리로 보냈다. 이는 2·8 독립선언과 3·1 독립운동이 한국민족 전체의 의사와 주장에 의해 전개된 것임을 전 세계에 알리는 계기가 되었다.

* 1886년 4월 22일 '독립운동가 여운형 출생' 참조
* 1947년 7월 19일 '독립운동가 여운형, 암살당하다' 참조

1974년 11월 15일

북한 제1땅굴 발견

1974년 11월 15일 경기도 연천 고랑포 동북방 8km 지점에서 무장게 릴라를 남쪽으로 침투시키기 위한 것으로 보이는 땅굴이 처음으로 발 견되었다.

땅굴 속에서는 소련제 다이너마이트, 북한제 전화기, 북쪽에서 남쪽 방향으로의 작업 진척 일정을 기록한 흔적 등이 남아 있었다.

이에 대해 북한은 "조작된 것이다" "우리와는 아무런 관련이 없다"는 주장만 하면서 땅굴 현장을 공동조사하자는 유엔군사령부의 제의를 거 부하였다.

땅굴 사업은 1971년 9월 25일에 대남공작 총책 김중린과 북한군 총 참모장 오진우 등에게 내려진 "속전속결전법을 도입하여 기습전을 감 행할 수 있게 하라."는 김일성의 '9·25교시'에 따라 시작된 것으로 알 려졌다.

이후 1975년 3월 19일에도 철원 북방 13km 지점에서 제2땅굴이 발 견되었고, 3년 후인 1978년 10월 17일에도 판문점 남방 4km 지점에서 제3땅굴이 발견되었다.

* 1975년 3월 19일 '제2의 땅굴, 휴전선 부근에서 발견' 참조

* 1978년 10월 17일 '북한 제3땅굴 발견' 참조

11월의
모든 역사

11월 16일

1308년 11월 16일

고려의 충선왕, 동성금혼령을 내리다

우리 헌법은 모든 국민이 혼인을 할 때 그 시기는 물론 상대방을 특별제한없이 자유로이 결정할 수 있도록 보장하고 있다. 동성동본 금혼 규정은 인간의 존엄과 행복추구권을 보장하려는 헌법의 이념이나 규정에 반하고, 개인의 존엄과 양성의 평등에 기초한 혼인이라는 헌법 정신에 정면으로 배치된다.

가까운 친척 사이의 혼인은 이미 민법 815조에서 부·모계 8촌 이내로 규제하고 있는 만큼 이를 넘는 혼인은 변화하는 윤리와 도덕 관념에 맡길 수밖에 없다.

민법 809조 1항은 혼인의 범위를 남계 혈족에만 한정해 성차별을 하고 있다는 점에 평등의 원칙에도 위반된다.

-동성동본 결혼에 관한 헌법 재판소 판결문

결혼식은 그 당사자인 신랑 · 신부는 물론 친구들에게도 기대와 설렘이 가득한 이벤트이다. 친구들끼리의 멋진 뒤풀이 자리가 저기서 손짓하며 기다리고 있기 때문이다. 여기에서 눈이 맞은 남녀들이 종종 다시 결혼으로 골인하곤 한다.

그런데 아주 가끔은 예기치 못한 복병을 만나 좌절의 쓰린 맛을 보는 청춘 남녀들도 있었다. 여기서 복병이란 바로 '동성동본同姓同本'이다. 집안의 불문율만으로도 넘기 힘든 마당에 아예 민법으로까지 동성동본 결혼에 자물쇠를 채워 놓았던 것이다. 이로 인해 과거 동성동본의 데이트는 '비극의 시작'이라는 시한폭탄을 늘 품에 안고 다녔다고 할 수 있다.

그런데 2005년 호주제 폐지를 골자로 민법이 개정되면서 동성동본 결혼에 대한 법적인 차단막은 완전히 제거되었다. 본래 동성동본의 결혼을 금지한 민법 제809조 1항은 1997년 헌법불합치라는 판결을 받아 사문화된 상태이긴 했다. 인간으로서의 존엄과 가치 및 행복추구권을 규정한 헌법 정신에 정면 위배된다는 것이 당시 헌법재판소의 주장이었다. 대신에 개정된 민법에서는 동성동본의 금혼 규정을 근친혼 금지 제도로 바꾸어 8촌 이내의 혈족에 대해선 여전히 결혼을 금지하고 있다.

역사적으로 보면 우리나라에서 동성 간의 혼인은 빈번했다. 신라와 고려 왕실의 경우는 동성동본이 아니라 아예 삼촌과 조카, 이복형제, 사촌 오누이 간의 근친혼도 다반사로 이루어졌다. 물론 당시의 결혼 풍습을 후대의 잣대로만 재단하는 것은 문제가 있다. 골품제라는 강력한 신분제가 작동하던 신라사회에서는 순수한 혈통의 보장이라는 점에서 근친혼은 매력적인 수단이었다고 할 수 있다.

하지만 신라 하대에 들어서면 동성 간의 결혼을 이성 간의 그것으로 조작하는 일이 자주 기록에 나타난다. 이것은 중국에 책봉을 요청하는 등의 외교관계에서 자칫 꼬투리를 잡히지 않을까 우려해서였다. 당시 중국에서는 동성 간의 결혼을 야만족의 풍습으로 규정하고 있었다.

이런저런 불편함이 있어도 골품제가 권력의 향방을 좌우하는 제도로 남아 있는 한 신라 동성혼의 전통은 쉽게 근절되지 않았다. 고려가 건국한 뒤에도 근친혼 풍습은 여전했다. 태조 왕건은 자신의 딸들을 대부분 이복남매와 결혼시켰다.

그러다가 1058년 문종 때에 이르러 비로소 근친혼이 규제되기 시작했다. 사촌끼리 결혼해서 태어난 자식은 관리에 등용하지 않겠다는 것이었다. 1085년에는 이복남매의 결혼에도 이를 적용했다. 이 모두 당사자에 대한 직접적인 처벌이 아니었다. 근친 간의 결혼을 하면 본인을 간통죄로 엄하게 처벌하는 중국과는 확실히 달랐다. 1096년이 되어서는 처음으로 6촌까지의 근친혼을 금지시키는 조치가 나왔다. 하지만 이는 별로 효과를 거두지 못하고 흐지부지되었다.

1291년 충선왕은 정가신·유청신 등과 함께 원나라에 간 적이 있었는데, 이때 세조 쿠빌라이로부터 "고려는 문자를 알고 공자의 도덕을 실천하고 있으니 동성 간에는 혼인을 하지 말라."는 지시를 받았다.

이에 그는 충렬왕의 사망으로 다시 왕위에 오르자 곧 왕실과 문무양반에 동성금혼령을 내렸다. 1308년 11월 16일의 일이었다. 이와 동시에 왕실과 혼인 가능한 15개의 성씨를 지목하기도 했다.

하지만 동성 간의 금혼이 거역하기 어려운 사회 분위기로 자리 잡은 것은 아무래도 조선시대라고 할 수 있다.

사실 근친 간의 결혼은 동종교배가 가져다주는 생물학적 문제점을 지니고 있다. 즉 기형아의 출생이나 임신의 불가능 같은 것이 그것이다. 하지만 우생학적 문제가 생기는 것은 8촌 이내라는 것이 현재의 상

식이다. 이 때문에 단순히 동성동본이라고 하여 그 결합을 너무 유전적
으로 두려워할 필요는 없다.

본시 법과 제도는 태생적으로 보수적이긴 하지만 시대의 물살을 언
제까지고 거스를 수는 없다. 전통한복이 점점 생활한복으로 변해가는
데엔 모두 이유가 있는 법이다.

동성동본의 결혼 금지가 폐기된 것은 그것이 아름다운 전통이 아니
라 인권을 침해하는 낡은 인습으로 작용하고 있기 때문이다.

—

1904년 11월 16일

세브란스 병원의 전신, 제중원 낙성식 거행

—

1885년 4월, 고종이 병원을 설립하자는 미국인 선교사이자 의사인 알
렌의 제의를 받아들여 개화파 홍영식의 집이었던 서울 재동(현재 헌법재
판소 자리)에 우리나라 최초의 서양의학 의료기관인 광혜원을 세웠다.

그 뒤 곧 제중원으로 이름을 바꾸면서 왕실에서부터 평민에 이르기
까지 다양한 사람들을 진료하는 기관으로 성장하였다. 개원 첫해에 1
만여 명의 환자를 진료할 정도로 환자가 많아지자 1887년에 구리개(현
재 을지로 부근)로 이전하였다.

이어 알렌은 고종의 지원으로 의학교를 열었으나 곧 주미 한국 공사
관의 참찬관으로 취임한 뒤로는 병원의 운영이 점차 부실해졌다.

1893년 7월에 새로 부임한 에비슨의 요구에 따라 정부는 1894년 갑
오개혁 때 제중원의 운영권을 미 북상로교 신교부로 넘기게 되었다. 이
후 활발한 의료 활동과 함께 의학교육도 다시 진행되었다.

그리고 1904년 11월 16일에 미국인 실업가 세브란스의 후원으로 도동에 병원을 신축하고 낙성식을 거행하였다. 이때부터 병원의 이름이 기증자의 이름을 따서 세브란스병원으로 바뀌게 되었다.

—

371년 11월 16일

고구려 고국원왕이 전사하다

—

371년 11월 16일 고구려 제16대 왕인 고국원왕이 아버지 미천왕이 일궈 놓은 고구려 영토를 지키려다 전사하였다. 대륙 진출의 관문이었던 요동 지역을 놓고 전연의 모용씨와 격렬한 싸움을 벌이던 중 북진해 온 백제를 막다 평양성 전투에서 전사한 것이다.

앞서 고국원왕은 한반도 중부지역으로의 진출을 위해 369년에도 몸소 군사 2만 명의 군대를 이끌고 대방군 지역으로 북진하고 있던 백제를 침공한 적이 있었다. 하지만 치양(지금의 백천) 전투에서 백제 태자 근구수가 이끄는 군사에 대패하고 수곡성(황해도 신계 부근)까지 추격당했었다.

371년 고국원왕은 2년 전의 패배의 치욕을 씻기 위해 다시 백제를 공격하였다. 그러나 당시 백제에서는 근초고왕이 중앙집권의 국가체제 정비를 마치고 본격적인 정복 활동을 시작하던 무렵이었기에 선제공격이 오히려 역습을 초래한 형국이었다.

결국 평양성은 포위되고, 양측이 치열하게 싸움을 벌이던 과정에서 고국원왕은 적군의 화살에 맞아 목숨을 잃었다. 이로써 당시 일본, 백제, 중국과의 중계무역 기지 역할을 했던 요충지 대방군 지역(지금의 예성강 자리)은 광개토대왕의 대대적인 남쪽 정벌이 있기까지 백제에게로 넘어갔다.

전사한 고국원왕은 고국원故國原에 묻혔다.

11월의
모든 역사

11월 17일

:
.
:

1905년 11월 17일

을사늑약이 강제로 체결되다

한국정부 및 일본국정부는 양 제국을 결합하는 이해공통의 주의를 공고히 하고자 한국의 부강의 실實을 인정할 수 있을 때에 이르기까지 이를 위하여 이 조관條款을 약정한다.

제1조 · 일본국정부는 재在동경 외무성을 경유하여 금후 한국의 외국에 대한 관계 및 사무를 감리監理, 지휘하며, 일본국의 외교대표자 및 영사는 외국에 재류하는 한국의 신민臣民및 이익을 보호한다.

제2조 · 일본국정부는 한국과 타국 사이에 현존하는 조약의 실행을 완수할 임무가 있으며, 한국정부는 금후 일본국정부의 중개를 거치지 않고는 국제적 성질을 가진 어떤 조약이나 약속도 하지 않기로 상약한다.

제3조 · 일본국정부는 그 대표자로 하여금 한국 황제폐하의 궐하에 1명의 통감統監을 두게 하며, 통감은 오로지 외교에 관한 사항을 관리하기 위하여 경성에 주재하고 한국 황제폐하를 친히 내알內謁할 권리를 가진다. 일본국정부는 또한 한국의 각 개항장 및 일본국정부가 필요하다고 인정하는 지역에 이사관을 둘 권리를 가지며, 이사관은 통감의 지휘 하에 종래 재在한국 일본영사에게 속하던 일체의 직권을 집행하고 아울러 본 협약의 조관을 완전히 실행하는 데 필요한 일체의 사무를 장리掌理한다.

제4조 · 일본국과 한국 사이에 현존하는 조약 및 약속은 본 협약에 저촉되지 않는 한 모두 그 효력이 계속되는 것으로 한다.

제5조, 일본국정부는 한국 황실의 안녕과 존엄의 유지를 보증한다.

-을사늑약 조문

그리 자주 쓰는 표현은 아니지만 '을씨년스럽다'라는 우리말이 있다. 사전적 의미는 '썰렁하고 스산하다'라는 뜻이다. 모두가 떠나고 아무도 없는 텅 빈 폐광, 낙엽만이 이리저리 뒹구는 공원은 대개 이런 느낌이지 않을까?

그런데 이 말은 1905년 '을사년'에 그 뿌리가 있다는 것이 일반적인 견해이다. 1908년에 발표된 이해조의 신소설 『빈상설』에는 '만장 갓흔 집은 을사년스러워 꿈에도 가기 싫고……'라는 구절이 나와 이를 뒷받침한다. 이것이 모음조화로 '을시년스럽다'로 바뀌었다가 '을씨년스럽다'로 정착되었다는 것이다. 그 해 을사년이 그토록 사람들의 마음을 스산하게 만든 것은 바로 일제의 외교권 박탈 때문이었다.

러일전쟁이 한창 진행 중이던 1905년 7월, 일제는 미국과 비밀리에 '가쓰라-태프트 밀약'을 맺었다. 이것은 일본의 조선 점령을 미국이 묵인하는 대신에 일본은 필리핀에 대한 미국의 독점 지배를 인정한다는 내용이었다. 이어 8월에는 영국과 '제2차 영일동맹'을 체결해 영국의 인도 지배를 승인하는 대가로 자신들의 조선 지배를 보장받았다. 그리고 '포츠머스 강화회담'을 통해 전쟁을 끝내고 러시아로부터도 조선에 대한 지배를 확약받았다. 전쟁의 승리에 따른 일종의 전리품이었다. 약소국의 운명이란 늘 이렇게 비참했다.

조선 문제에 대한 모든 국제적 장애물을 제거한 일제는 이제 본격적으로 조선을 보호국으로 만드는 작업에 착수했다. '포츠머스 강화회담'의 일본 대표로 참가했던 외상 고무라와 주한 일본공사 하야시는 본국에서 만나 향후 조선에 대한 보호국화를 논의하였다.

이들의 합의는 일본 정부의 '8개 방침'으로 공식 정리되어 천황의 허락을 받아냈다. 조선에 대한 보호권의 확립을 11월 초순에 성사시키되,

조선 정부가 동의하지 않을 때에는 일방적으로 그 사실을 통보한다는 것 등이 그 주된 내용이었다.

이렇게 치밀한 계획을 세워놓고 한성으로 돌아온 하야시는 조선주둔 군사령관 하세가와와 함께 준비에 만전을 기하였다. 그리고 친일단체 인 일진회로 하여금 보호조약이 필요하다는 여론을 조작하고 선동하도 록 하였다. 일진회는 바로 극렬친일파인 송병준과 이용구 등이 조직한 단체였다.

한편 이완용 등을 매수하여 조약의 체결에 앞장서도록 하였다. 드디 어 11월 9일 일본의 추밀원의장 이토 히로부미가 천황의 칙사로 한성 에 나타났다. 애초 일제가 짜놓은 시간표대로 척척 작업이 진행되고 있 는 것이었다.

그는 다음 날 고종을 만나 일본 천황의 친서를 전달하였다. 여기에는 '짐이 동양 평화를 유지하기 위하여 대사를 특파하니 대사의 지휘를 따라 조치하소서.'라는 위협이 들어 있었다. 고종은 글을 읽으며 화가 부글부글 끓었지만 별 도리가 없었다.

일주일 후인 11월 15일, 이토는 고종을 다시 찾아와 새로운 협약의 원문을 들이밀며 이를 승낙하라고 윽박질렀다. 하지만 고종은 이는 너무 중요한 문제니 대신들의 의견과 백성들의 뜻을 살펴야 한다며 거부했다. 이에 이토는 대신들의 의견을 구하는 것까지는 괜찮다며 한발 물러섰다. 대신들이야 어차피 자신들의 손바닥에서 얼마든지 요리할 수 있다고 믿었기 때문이었다.

그리하여 11월 17일 일본 헌병들이 궁궐을 포위하여 분위기가 삼엄한 가운데 어전회의가 열렸다. 이토는 내신들을 일일이 호명해 가며 찬성과 반대를 물었다. 이에 참정대신 한규설이 매국조약이라며 강하게 반대하자 헌병들은 그를 강제로 끌고 나갔다. 민영기와 이하영도 반대의 뜻을 밝혔다.

하지만 이완용·이근택·이지용·박제순·권중현 등이 찬성해 조약을 통과시켰다. 이것이 보통 '을사보호조약'으로 불리던 '한일신협약'이다. 조약에 찬성한 다섯 대신들은 이후 매국노의 대명사가 되어 '을사5적'이라 불렸다. 후일 이 일을 주도한 세력들은 도요토미 영전에 "당신이 이루지 못한 뜻을 마침내 우리가 이루었습니다."라고 했다고 한다.

'한일신협약'의 체결로 조선은 외교권을 빼앗기고 사실상 일본의 반식민지로 전락했다. 문제는 이 조약이 국제법적으로 불법이라는 것이다. 이미 1906년 파리 대학교의 법학교수인 레이는 이 조약이 협상 대표에 대한 고종의 위임장과 조약 체결에 대한 비준서 등의 형식적 요건을 갖추지 못해 국제조약으로 인정하기 어렵다고 지적했다.

또 미국의 컬럼비아 대학교 도서관에서는 '일제의 총칼에 의해 강제로 조약이 체결된 것'이라는 고종의 친서가 발견되어 다시 한 번 이 조약의 불법성을 확인해 주었다. 이 때문에 이제 '을사보호조약'이라는 명칭은 서서히 자취를 감추고 강압에 의해 체결되었다는 의미의 '을사늑약'으로 대치되고 있다.

* 1906년 1월 13일 '「런던 타임스」, 을사늑약 부당 체결 보도' 참조
* 1907년 6월 25일 '을사늑약의 불법성을 알리기 위한 고종 밀사 3명, 헤이그 도착' 참조
* 1907년 7월 24일 '이완용, 이토 히로부미와 한일신협약에 조인하다' 참조
* 1994년 4월 20일 '을사늑약의 부당성을 폭로한 헐버트 수고가 공개되다' 참조

1463년 11월 17일

세조, 홍문관 설치

1463년 11월 17일 세조는 궁중의 경서 · 사적의 관리 및 왕의 자문에 응하는 일을 맡아보는 홍문관을 설치하였다. 이전까지 이러한 업무를 해 왔던 집현전 학자 가운데 사육신이 나오자 집현전을 폐지하였다가 새롭게 설치한 것이다.

이때는 장서기관에 불과하였다. 하지만 성종 9년(1478) 집현전 직제가 홍문관에 이양되면서부터는 유명무실하던 홍문관이 학술 · 언론기관이 됨으로써 조선시대 학문적 · 문화적 사업에 주도적 구실을 하였다.

사헌부 · 사간원과 더불어 언론 삼사三司라고 일컬어지던 홍문관은 왕의 자문에 응하는 임무 때문에 정치적으로 중요한 기능을 담당하였고, 정승 · 판서가 대부분 홍문관을 거쳤을 정도로 출세가 기약되는 자리였다.

홍문관 관원으로는 능력이 있고 가문이 좋은 인물이 제수되었고, 국왕의 총애와 신간서적의 사급, 사가독서, 음식물을 하사받는 등 상당한 지위와 대우를 누렸다.

1874년 11월 17일

민승호 일가족 폭사 사건 발생

1874년 11월 17일 명성황후의 오빠인 민승호가 한 수령이 보낸 선물로 위장된 폭약을 열다가 폭발하여 어머니와 함께 사망하는 사건이 발생하였다.

민승호는 1866년 여동생이 왕비로 책봉되자 중용되어 이조참의, 호조참판, 형조판서, 병조판서 등을 거쳤다. 1873년 이후에는 민씨 족당의 수령 역할을 하면서 명성황후를 배후 조종하여 흥선대원군 축출공작을 벌였다.

이후 대원군이 실각하자 드디어 국정 전반에 참여하면서 세도를 부리다가 변을 당한 것이다.

11월의
모든 역사

11월 18일

■
∶
■

1834년 11월 18일

헌종의 할머니 순원왕후가 수렴청정을 시작하다

본래 순조에게는 아들이 하나 있었다. 후일 익종으로 추존되는 효명세자가 그인데, 정조를 닮아 조선을 부흥시킬 인재로 촉망받던 뛰어난 인재였다. 그는 순조가 살아 있을 때 아버지를 대신해 대리청정을 맡기도 했는데, 불행히도 스물두 살에 죽고 말았다.

이에 따라 순조가 죽은 후 효명세자의 아들인 헌종이 왕위를 계승하게 되었다. 하지만 겨우 8세의 어린 나이라 왕실의 가장 어른인 그의 할머니 순원왕후가 수렴청정을 실시하였다.

이를 계기로 60년에 걸친 안동 김씨의 세도가 본격 시작되었다. 그녀는 바로 안동 김씨 김조순의 딸이었다.

　현재 우리나라의 국가원수는 대통령이다. 헌법에 의하면 대통령은 선출되어야 하고 40세가 넘어야만 한다. 따라서 미성년자가 일국을 통치하는 그런 코미디는 애당초 발생할 여지가 없다.

　하지만 혈연을 중시하는 세습제 왕조라면 이야기가 다르다. 최고의 권력인 국왕이 일찍 죽으면 어린 왕은 언제든지 등장할 수 있는 것이다. 이럴 경우 누군가가 국정을 대신해야 되는데, 대개는 왕실의 제일 어른인 왕대비나 대왕대비 등이 그 역할을 수행하였다. 이것이 흔히 말하는 '수렴청정垂簾聽政'이다. 남녀가 엄격히 구별되던 때라 발을 내리고 그 뒤에서 정사를 돌보았다는 뜻이다.

　물론 수렴청정은 중국에서도 종종 나타나는 낯익은 풍경이었다. 청나라 말기에 활약한 서태후는 너무도 유명하다. 우리나라의 경우에는 멀리 고구려 태조왕까지 거슬러 올라가는데, 조선시대에는 모두 여섯 명의 대비가 수렴청정을 실시하였다.

　세조의 비 정희왕후가 첫 테이프를 끊었고 뒤를 이은 문정왕후는 국왕을 능가하는 막강한 권력을 휘둘렀다. 조선 후기에는 대비의 수렴청정이 세도정치와 깊은 관련을 지니고 쌍으로 움직였다. 안동 김씨의 60년 세도는 그것을 잘 말해 준다. 즉 수렴청정에 나섰던 순원왕후는 바로 안동 김씨였던 것이다.

　1800년 정조가 승하하자 순조가 11세의 어린 나이로 즉위하였다. 이에 영조의 계비인 정순왕후가 대왕대비로서 수렴청정을 실시했다. 그녀는 스스로 여자 국왕(女主)이라고 칭하면서 국가의 주요정책을 결정했다. 또한 사도세자의 죽음에 동정적이었던 시파들을 대대적으로 숙청하였다. 천주교도들에 대한 가혹한 탄압도 일부는 그 연장선상에서 벌어졌다고 할 수 있다.

사실 그녀의 가문은 유명한 노론 벽파였다. 하지만 시파로 볼 수 있는 김조순의 딸이 순조의 비로 간택되는 것만큼은 막지 못하였다. 이가 바로 안동 김씨의 장기 집권에 주춧돌을 놓게 되는 순원왕후였다.

1804년 정순왕후가 수렴청정을 거두고 1년 후에 사망하자 정국은 다시 급변하였다. 순조의 친정이 시작되었지만 권력은 순조의 장인이 된 김조순의 손에 들어가고 벽파는 몰락하였다. 드디어 안동 김씨의 세도정치가 닻을 올린 것이다.

그런데 순조는 1827년 "건강으로 인해 여러 해 동안 정사를 게을리하였다. 이제 세자가 총명하고 영리하니 대리청정을 시키라."는 명령을 내렸다. 이는 더욱 강력해지는 세도정치와 홍경래의 난 등 계속 이어지는 민란, 각종 천재지변 등을 수습할 수 있는 자신이 없어서였다. 결국 효명세자에게 난마처럼 얽힌 실타래의 풀이를 기대한 것이다.

효명세자는 순원왕후가 낳은 자식이었다. 그는 대리청정을 시작하자 안동 김씨를 견제하고 그간 소외받던 정파들을 다수 등용했다. 할아버지 정조를 닮아 조선을 부흥시킬 수 있는 강력한 희망으로 기대되었으나 불행히도 22세에 요절하고 말았다.

할 수 없이 순조가 다시 친정을 하게 되었는데, 그도 4년 후인 1834년 세상을 떠났다. 그 뒤를 이어 이제 겨우 여덟 살의 헌종이 왕위에 올랐다. 바로 효명세자의 아들이었다. 이렇게 되자 왕실의 최고 어른이었던 그의 할머니 순원왕후 김씨가 수렴청정에 나서게 되었다. 1834년 11월 18일의 일이었다.

순원왕후는 이전 정순왕후와는 달리 그래도 일부 정치세력을 배려하였다. 헌종의 작은 외조부인 조인영을 이조판서에 임명한 것도 그래서였다. 이후 국왕의 외가인 풍양 조씨는 안동 김씨와 또 다른 권력의 한

축을 형성하였다.

또 순원왕후는 '홍경래의 난'을 교훈으로 삼아 서북출신에 대한 차별을 금지하고 관리로 등용할 것을 지시했다. 헌종 3년에는 김조순의 7촌 조카인 김조근의 딸을 헌종의 비로 삼았다. 헌종 이후에도 안동 김씨의 세도를 대를 물려 계속하겠다는 의지였다. 하지만 그녀는 아들을 낳지 못한 채 1843년 사망하였다.

헌종이 점차 성장하자 순원왕후는 1840년 12월 수렴청정을 거두겠다는 하교를 내렸다. 이듬해부터 정식으로 친정에 들어간 헌종이 외가인 풍양 조씨를 우대하자 이때부터 안동 김씨와 풍양 조씨 간에 치열한 권력 다툼이 벌어졌다.

그러나 조씨 가문에서 내분이 생기고 헌종의 외조부 조만영마저 죽어 다시 권력은 안동 김씨가 독점하게 되었다. 게다가 1849년 헌종이 후사를 남기지 못하고 죽자, 순원왕후와 안동 김씨는 강화도에서 농사를 짓던 원범을 데려다 왕위에 앉혔다. 이가 곧 철종이다. 그리고 순원왕후는 이미 열아홉 살의 철종을 두고 다시 두 번째의 수렴청정에 들어갔다.

* 1849년 6월 9일 '강화도령 철종이 왕위에 오르다' 참조

1974년 11월 18일

자유실천문인협의회 101인 선언 발표

1974년 11월 17일 민족문학 계열의 문학인들이 '문학인 101인 선언'을 발표하고 표현의 자유와 민주주의의 실현을 요구하며 반유신독재

투쟁에 나섰다. 이들은 시인 김지하를 비롯한 긴급조치로 구속된 지식인 · 종교인 · 학생들의 즉각 석방, 언론 · 출판 · 집회 · 신앙 · 사상의 자유 보장 등을 내세우며 자유민주주의 정신과 절차에 따른 새로운 헌법이 마련되어야 한다고 주장하면서 세종로에서 시위를 벌였다.

이 선언으로 고은, 박태순, 윤흥길, 조해일, 이문구, 이시영, 송기원 등이 연행되었다. 또 이 선언을 계기로 '자유실천문인협의회'가 창립되었다. 대표간사는 고은이었고, 신경림, 염무웅, 박태순, 황석영, 조해일 등이 간사로 참여했다.

자유실천문인협의회는 이듬해인 1975년 3월 15일에도 「동아일보」와 「조선일보」가 소속 기자들을 파면 · 해임한 사태와 한국기자협회 기관지 「기협회보」에 대한 주무 당국의 폐간 조치, 시인 김지하의 투옥에 대한 항의 표시로 '165인 선언'을 발표하였다.

이후 자유실천문인협의회는 1970년대에 활발하게 활동하다가 1980년 5 · 17, 5 · 18 이후 위축되었다. 하지만 6월 항쟁과 더불어 확대 개편되면서 '민족문학작가회의'로 재창립되었다.

* 1975년 3월 15일 '자유실천문인협의회, 165인 선언 발표' 참조

—

1998년 11월 18일

금강산 관광 개시

—

1998년 11월 18일 남한의 민간인들이 북한을 여행하는 역사적인 금강산 관광이 시작되었다. 이는 남한의 기업인 현대그룹의 오랜 노력과

김대중 정부의 햇볕정책이 맞물려 그 결실을 맺은 것으로, 남북 분단 50년사에 새로운 획을 그은 사건이다.

앞서 1989년 1월 현대그룹의 정주영 명예회장이 방북하여 금강산 남북공동개발 의정서를 체결하면서 그 씨앗이 잉태되었다.

이후 1998년 2월에 정몽헌 회장이 중국 베이징에서 북한 측과 첫 협의를 거친 다음, 6월 23일 금강산관광 계약이 체결되었음을 발표하였다. 그리고 8월에 통일부는 현대상선, 현대건설, 금강개발을 협력사업자로 승인하였다.

10월 13일에 장전항 공사를 위한 자재와 장비를 실은 배가 출항하였으며 11월 14일 금강산 관광선인 금강호의 시험 운항을 마치고, 마침내 11월 18일에 금강호가 첫 출항하였다.

그 후 순조롭게 진행되던 금강산 관광은 하지만 관광 시작 7개월 만인 6월 20일 관광객 민영미가 북한 환경감시원에게 귀순 공작을 했다고 억류되면서 잠정적으로 중단되었다.

그리고 현대 측과 북한이 베이징에서 관광 세칙과 신변안전보장 합의서를 체결한 후 다시 진행되었다. 2003년 9월부터 육로 관광이 이루어졌으며, 2005년 6월에 금강산 관광객 100만 명을 돌파하였다.

그러나 2008년 7월 11일 관광객 박왕자가 북한군의 피격으로 사망하는 사건이 발생하면서 금강산 관광이 잠정 중단된 이후 2012년 현재까지 재개되지 않고 있다.

* 1989년 1월 23일 '금강산 남북 공동 개발 의정서 체결' 참조
* 1998년 6월 16일 '성주영 현대그룹 명예회장, 소떼와 함께 방북' 참조
* 2000년 3월 21일 '현대그룹 정주영 회장이 별세하다' 참조

1958년 11월 18일

자유당, 「국가보안법」 개정안 국회 제출

1958년 11월 18일 자유당이 장기집권을 하고자 야당과 언론 탄압을 위한 새로운 「국가보안법」을 제정하려고 전문 3장 40조와 부칙 2조로 된 법안을 국회에 제출하였다. 이에 보안법 저지를 위한 원내외 투쟁이 강경하게 진행됨으로써 보안법 파동이 시작되었다.

원래 우리나라의 「국가 보안법」은 일제가 반정부·반체제 운동을 억압하기 위해 1925년에 만든 「치안유지법」을 기초로 1948년 11월에 제정된 것이다.

11월 21일에는 각 언론사도 공동성명서를 통해 보안법 저지 투쟁에 강력한 지지 의사를 표명했다.

하지만 12월 19일 3시 정각에 자유당 의원 10명은 법제사법위원회에 모여 개회를 선포하고, 이 법안을 무수정 만장일치로 통과시켰다. 이에 대해 민주당의원들은 이를 무효라고 주장하고 강경하게 대응하였다.

자유당은 12월 24일 경호권을 발동하고 무술경관 300여 명을 동원해 국회의사당 문을 폐쇄시켰다. 그 뒤 자유당 의원들만이 참석한 가운데 보안법을 비롯한 10여 개 법안과 1959년 예산안 등 27개 의안을 2시간 만에 모두 처리하였다.

* 1925년 5월 8일 '조선 총독부, 「치안 유지법」 공포' 참조

* 1948년 11월 20일 '「국가보안법」, 국회 통과' 참조

1598년 11월 18일

이순신, 남해 노량에서 일본 수군 대파

1598년 11월 18일 이순신과 진린이 이끄는 조선과 명나라 연합함대가 노량 앞바다에서 왜군을 크게 무찔렀다. 이는 임진왜란의 마지막 해전으로 기록되었다.

그리고 이순신은 다음 날인 19일 새벽까지 노량수로와 왜교에 집결한 500여 척의 왜선과 접전을 벌인 끝에 200여 척의 왜선을 격파하였다.

그러나 이 해전에서 관음포로 도주하는 왜군을 추적하던 중 이순신이 전사했다. 또한 명나라 장수 등자룡과 가리포첨사 이영남, 낙안군수 방덕룡 등도 전사했다.

* 1592년 3월 27일 '이순신, 거북선을 진수하다' 참조
* 1592년 5월 7일 '이순신, 옥포 해전에서 첫 승전보' 참조
* 1592년 5월 29일 '거북선, 사천해전에서 첫 참전' 참조
* 1592년 7월 8일 '이순신, 한산에서 대승을 거두다' 참조
* 1597년 10월 25일 '이순신, 명량대첩을 거두다' 참조
* 1968년 4월 27일 '충무공 이순신 장군의 동상이 건립되다' 참조

11월의
모든 역사

11월 19일

■
■
■

—

『연려실기술』의 저자 실학자 이긍익이 세상을 떠나다

—

우리 동방의 야사는 큰 질帙로 엮어진 것이 많이 있다. 그러나 『대동야승大東野乘』·『소대수언昭代粹言』 같은 것은 『설부』처럼 여러 사람들이 지은 책을 모으기만 하였기 때문에 산만하여 계통이 없고 또 중복된 말이 많아 열람하여 보기가 어렵고, 『춘파일월록春坡日月錄』·『조야첨재朝野僉載』 같은 것은 편년체로 썼는데, 자료 수집을 다하지 않고 책을 빨리 만들었기 때문에 상세한 데는 지나치게 상세하고 소루한 데는 너무 소루하여 조리가 서지 아니하였으며, 『청야만집』은 사실에는 상세하지 않고 다른 문집에 있는 역사 인물에 관한 논평을 많이 실었기 때문에 그 끝만 추켜들고 근본을 빠뜨린 것이 많았다.

지금 내가 편찬한 『연려실기술』은 널리 여러 야사를 채택하여 모아 완성하였는데, 대략 기사본말체紀事本末體를 모방해서 자료를 얻는 대로 분류하고 기록하여 다음에 계속 보태 넣기에 편리하도록 하였다. 내가 자료를 얻어 보지 못하여 미처 기록에 넣지 못한 것이 있는 것은 후일에 보는 이가 자료를 얻는 대로 보충하여 완전한 글을 만드는 것이 무방할 것이다.

-『연려실기술』 의례義例

이긍익은 정종의 아들 덕천군의 후예로서 영조 12년(1736)에 한양에서 태어났다. 그의 5대조는 인조 때의 명신 이경직이며 아버지는 문장과 명필로 유명한 원교 이광사이다.

이긍익은 출생 전부터 그 집안이 노론의 박해에 시달리고 있었다. 즉 그의 조부 이진검 형제는 소론의 거두로서 경종대의 '신임무옥'과 영조대의 '이인좌의 난'에 연루되어 크게 화를 당하였던 것이다.

본래 노론과 소론은 같은 서인이었으나 남인에 대한 자세를 놓고 강경파인 노론과 온건파인 소론으로 갈라졌다. 대개 이렇게 동지였다가 적으로 바뀌면 더욱 그 감정의 골이 깊다. 노론과 소론도 일단 적이 되자 사사건건 원수처럼 으르렁거렸다.

이긍익은 벼슬을 단념한 채 글씨와 그림 등에 몰두하던 아버지에게 직접 글을 배웠다. 그의 나이 열다섯 무렵에는 뛰어난 기억력과 총명함으로 각종 경서에 통달하였다. 특히 그는 양명학의 세례를 많이 받았는데, 아버지가 정제두로부터 양명학을 이어 받았기 때문이었다. 그런데 그가 스무 살이 되던 1755년 아버지 이광사마저 윤지의 역모사건, 소위 '나주괘서사건'으로 두만강 근처 부령에 유배되었다.

이렇게 2대에 걸쳐 역모로 집안이 박살나자 이긍익도 벼슬길을 단념하고 초야에 묻혀 학문을 닦는 데만 전념하였다. 이긍익은 당쟁의 회오리 속에서 조금이라도 벗어나고자 멀리 아버지의 유배지로 짐을 꾸려 떠났다. 그곳은 아버지 이광사의 명성을 듣고 각지에서 몰려든 많은 문객들로 붐비고 있었다.

그는 이들과 토론하며 우울한 마음을 달래고 학문의 세계를 점점 넓혀 나갔다. 그런데 조정에서는 제자들이 많이 모여든다며 이광사를 님해안의 신지도로 옮겨 버렸다. 이광사는 유배 중 끝내 이곳에서 죽고 말았다.

이후에도 이긍익은 여러 번 귀양살이를 하며 역경과 빈곤 속에서 지냈다. 결국 그는 벼슬을 단념하고 1777년 42세부터 1806년 11월 19일 70세를 일기로 사망하기까지 30여 년에 걸쳐 오직 조선 왕조의 야사野史 정리에만 몰두하여 드디어『연려실기술』을 완성하였다.

『연려실기술燃藜室記述』은 이긍익이 이러한 가문의 불행과 자신의 역경을 헤치고 필생의 사업으로 저술한 역사서였다. 여기엔 당시의 시대적 조류이던 실학도 많은 영향을 미쳤다. 즉 중국 중심의 세계관에서 탈피하여 우리 역사를 독립된 역사로 파악하려는 시도와 함께 역사학을 유학으로부터 떼어내 순수학문으로서의 체계를 세우려 했던 것이다.

또한 이긍익은 기존의 역사서가 특정 파벌을 중심으로 서술되고, 저자의 주관이 지나쳐 후세 사람들에게 잘못된 판단을 유도할 수 있다는 점을 경계했다.

책 제목의 '연려실'은 한나라 유향이 글을 교정할 때, 태을선인이 청려장에 불을 붙여 책을 비추어 주었다는 고사에서 유래한 말이다. 이를 이광사가 손수 글씨로 써 이긍익에게 서재 이름으로 내려 준 것이다.

그런데『연려실기술』이 이긍익의 작품이 아니라는 견해도 만만치 않

「**연려실기술**」

다. 족보나 현재 전하는 필사본 어디에도 이긍익을 편찬자로 밝혀 놓은 기록이 없기 때문이다.

하지만 1909년에 간행된『국조인물지』의 인용 서목에 이긍익이『연려실기술』의 편찬자로 적어 놓은 이래로 이긍익이『연려실기술』의 저자라는 것은 통설로 굳어졌다.

종래의 역사서가 기전체와 편년체를 주로 모범으로 삼았다면『연려실기술』은 내용의 전말을 이해하기에 편리한 기사본말체를 적용하였다. 또한 객관성과 공정성, 체계성 등을 확보하기 위해 문집 · 정사 · 야사 · 족보 · 금석문 · 일기 등 400여 종에 이르는 방대한 자료들을 수집하였다. 신화나 전설을 비합리적인 것이라 생각하지 않고 우리 고유문화로 인식하여 상세하게 서술한 것도 높이 살 만하다.

그뿐만 아니라 한글과 관련한 많은 기사를 실으며 실제로 이를 한글로 그대로 옮겨 썼다. 이는 민중의식의 발로라고도 할 수 있다.

이러한 여러 가지 이유로 하여『연려실기술』은 조선 후기에 나온 야사의 결정판으로 높이 평가받고 있다.

──

1981년 11월 19일

남극자원 보존협약에 가입

──

우리나라는 1978년부터 남극조약과 남극자원 보존협약에 가입하기 위한 기반을 조성하였으며, 1984년부터 남빙양 개발을 본격적으로 추진하기 시작했다.

그 결과, 1985년 11월 19일에 남극자원 보존협약에 가입하였고 이듬해인 1986년 11월 28일에 남극조약에 가입하였다. 이로써 우리나라에도 남극 개발을 위한 새로운 장이 열렸다.

남극조약에 따르면, 상주기지를 설치한 나라는 남극조약협의 당사국 ATCP과 남극과학 탐사위원회SCAR 회원국이 되어 실질적인 남극대륙 관리권을 갖게 된다.

이에 우리나라는 1987년부터 1·2단계로 상주기지 설치를 계획하여 1988년 2월 17일에 총 420평 규모의 세종 과학 기지를 준공하였다.

준공 이후 세종기지 연구팀은 남극 생태계 표본수집과 관측과학 분야 연구, 빙하에 대한 기본자료 조사, 해양생물·조류 간의 먹이사슬과 지구물리·기상 연구 등 적극적인 남극 과학활동을 벌였다.

그 결과, 우리나라는 1989년 10월 9일 남극조약 특별협의회의에서 핀란드·페루와 함께 남극조약 협의 당사국으로 지정되었다.

남극은 미국과 멕시코를 합친 지역보다 광대한 미래자원의 보고로서 석유·천연가스·철·구리·니켈·금·은 및 크릴새우·고래 등 수산자원이 풍부하여 남극조약 가입국들이 이곳에다 관측기지를 설치하고 자원조사를 비롯한 각 분야의 연구를 진행하고 있다.

* 1988년 2월 17일 '세종 과학 기지 준공' 참조

1980년 11월 19일

대한항공 015편 착륙 중 사고 발생, 15명 사망

미국 로스엔젤레스에서 출발한 대한항공 015편이 1980년 11월 19일 오전 7시 20분에 김포공항에 도착하기로 예정되어 있었다. 당시 김포공항은 짙은 안개에 쌓여 시야가 800m~1,000m 정도에 불과하였다.

그럼에도 불구하고 조종사는 착륙을 강행하였다. 하지만 조종사가 너무 빨리 하강하는 바람에 랜딩기어가 활주로 앞의 제방에 부딪혔고, 기체는 무게 중심을 잃고 활주로에 낙착落着하고 말았다. 결국 기체는

동체 착륙 상태로 2km나 활주로를 활주한 후에 정지했다.

이어 기체에서 화재가 발생하였다. 하지만 동체에 남아 있던 연료가 적었고, 인화성 물질이 없었기 때문에 탈출에 시간적 여유가 있어 대부분의 승무원과 승객들은 탈출에 성공했다. 그러나 기체는 완전히 소실되었다.

이 사고로 승무원 6명, 승객 9명이 사망하였다. 희생된 승객 대부분은 B747기의 2층에 타고 있던 사람들이었다.

11월의
모든 역사

11월 20일

■
■
■

1905년 11월 20일

「황성신문」 주필 장지연, '시일야방성대곡' 논설을 게재하다

(……) 천만 뜻밖에 5조약이 제출되었다. 이 조약은 비단 우리 한 국뿐만 아니라 동양 삼국의 분열을 빚어낼 것을 조장하는 것이다. 그러면 이등박문의 본의는 과연 어디에 있겠는가? (……) 저 개돼 지만도 못한 소위 우리 정부의 대신이라는 자는 각자의 영리만을 생각하고, 위협에 벌벌 떨면서 나라를 팔아먹는 도적이 되어, 4000 년 역사의 강토와 500년 종사를 타인에게 바치고, 2,000만의 영혼 을 모두 타인의 노예로 되게 하니, 저 개돼지만도 못한 외무대신 박 제순과 각 대신은 족히 엄하게 문책할 가치도 없거니와, 명색이 참 정대신이라는 자는 정부의 우두머리임에도 불구하고, 다만 '부조'자 로써 책임을 면하며 이름만 팔려고 꾀하였다.

-장지연, 시일야방성대곡

운전자들 사이에 주로 사용되는 표현으로 '숫차'와 '암차'라는 것이 있다고 한다. 유독 남의 차를 잘 들이받는 차가 있는데 이를 숫차, 반대로 남의 차에 툭하면 받히는 차를 암차라고 한다. 남녀의 성향을 빗댄 것으로 제법 그럴 듯하다.

그런데 1세기 전엔 숫신문과 암신문도 존재했으니「황성신문」과「제국신문」이 그것이다.「황성신문」이 숫신문이라는 평판을 얻은 데에는 이유가 있다. 국한문을 혼용한데다 신문의 논설이 칼바람처럼 매서워 남성 독자들이 많았기 때문이다. 특히 을사늑약이 체결된 직후인 1905년 11월 20일 장지연의 '시일야방성대곡是日也放聲大哭'을 실으면서「황성신문」은 최고의 명성을 구가했다.

1864년 경북 상주에서 장용상의 외아들로 태어난 위암 장지연은 친척 장석봉과 의병장 허위의 형인 허훈에게 수학하였다. 1894년 진사가 된 그는 이듬해 일제가 명성황후를 잔인하게 시해하자 전국에 격문을 띄워 의병들의 궐기를 호소하였다.

1896년에는 고종이 러시아 공사관으로 옮겨가자 그의 환궁을 요구하는 만인소를 기초하였다. 이러한 활약으로 그의 이름은 세상에 널리 알려졌고 곧 사예소의 직원으로 발탁되었다. 하지만 이내 그만두고 독립협회에서 활동하다가 1898년에「황성신문」이 창간되자 기자로 동참하였다.

1901년「황성신문」의 주필 겸 사장을 맡은 장지연은 이후 본격적으로 언론을 통한 민중의 계몽과 민족정신의 고취에 나섰다. 이런 가운데 1905년 11월 일제의 강요로 '을사늑약'이 맺어지자 울분을 참지 못하였다. 이에 장지연은 내부대신 이지용이 성주군수 자리를 미끼로 회유했지만 단호히 뿌리치고 그 부당성을 세상에 고발하기로 작정했다. 바로 저 유명한 '시일야방성대곡'이었다.

　장지연은 11월 20일자 「황성신문」에 이 논설을 실어 1만 부를 전국에 뿌렸다. 이에 국민들의 여론은 들끓었고 의병이 일어나는 계기가 되었다. 일제는 기겁하여 재빨리 장지연을 구속하고 신문도 정간시켰다. 하지만 국민들의 거센 압력으로 장지연은 두 달 여 만에 감옥에서 풀려났고 신문도 복간되었다.

　사장직에서 물러난 장지연은 1906년 윤효정 등과 대한자강회를 조직해 산업을 진흥시키고 교육을 보급하는 사회문화 운동을 전개하였다. 또 국채보상운동이 벌어지자 신문과 잡지에 이의 참여를 촉구하는 많은 글들을 발표했다. 이렇게 기울어져 가는 나라를 바로잡아 보려고 안간힘을 써봤지만 모두가 허사였다.

　이후 일제의 탄압으로 블라디보스토크로 망명한 장지연은 「해조신문」의 주필을 맡아 일제의 침략을 비판하였다. 하지만 재정난으로 신문사가 폐간되자 상하이와 난징 등을 유랑하다 다시 국내로 돌아왔다. 귀국 후 비밀단체인 신민회에서도 활동하는 등 꾸준히 항일운동을 하다 1909년 1월 진주에 있는 「경남일보」의 주필로 발탁되었다.

　1910년 끝내 일제는 반쪽만 남은 조선을 마저 삼켜 버렸다. 이에 항의해 매천 황현은 절명시를 남기고 자결하였다. 장지연은 「경남일보」에 과감하게 이 절명시를 게재하여 일제를 규탄하였다.

　이를 일제가 가만 놔둘 리 없었다. 곧 신문이 폐간되었다. 여기까지 장지연은 항일지사로서 참으로 부끄러움 없는 모범적인 길을 걸어왔다. 하지만 이후부터 그는 태도를 바꾸어 자신의 명성에 자꾸 누를 끼치는 행동을 하였다.

　「민족문제연구소」의 발표에 의하면 장지연은 1916년 12월 10일자

「매일신보」 2면에 「환영 하세가와 총독」이라는 친일 한시漢詩를 실었다.

　채찍 모자 그림자 수레먼지 끼고 오니
　문무관 분분히 새로 악수 나누네.
　한강의 바람과 연기가 원래 낯이 익으니
　차가운 매화는 예전처럼 기쁘게 웃으며 맞이하도다.

　하세가와가 조선 총독으로 다시 돌아온 것을 환영한다는 뜻이다. 하세가와는 1905년 이토 히로부미와 함께 고종을 협박하여 을사늑약의 체결을 강요했던 인물이었다. 이 밖에도 친일로 판단할 수 있는 여러 가지 행적들이 더욱 많다고 하니 장지연에 대한 재조명은 불가피해졌다.

　혹자는 장지연의 친일이 '길을 가다가 발을 헛디딘 격'이라고도 하고, '일도양단식이 아닌 종합적인 측면에서 평가해야 한다.'고도 한다. 물론 나름대로 일리가 있다. 하지만 그것은 정서적인 차원일 수는 있어도 이성적으로는 냉정한 평가가 요구될 수밖에 없다.

　거기에는 어느 누구도 예외가 될 수 없다. 독립선언서를 기초한 최남선의 변절은 우리의 마음에 얼마나 가혹한 상처를 남겨 주었는가. 뒷날의 공적으로 이전의 과오를 씻는 것은 가능하지만 이전의 공적으로 후일의 과오를 씻는 것은 어렵다. 더구나 광복 이후 한번도 친일파를 단죄하지 못했던 우리 사회에선 더욱 그러하다.

* 1905년 11월 17일 '을사늑약이 강제로 체결되다' 참조
* 1910년 8월 22일 '한일병합조약이 주인되다' 참조
* 1910년 9월 10일 '매천 황현, 스스로 목숨을 끊다' 참조

1948년 11월 20일

「국가보안법」, 국회 통과

대한민국 정부가 수립된 지 4개월도 안 된 1948년 11월 20일에 「국가보안법」이 국회를 통과하였고, 12월 1일에 제정 공포되었다.

이어 남조선노동당을 비롯한 좌익 세력의 제거를 목적으로 이듬해인 1949년 12월 19일에 1차 개정이, 1950년 4월 21일에는 2차 개정이 이루어졌다.

「국가보안법」은 이승만 정권이 진보운동을 탄압하기 위한 수단으로 이용하고자 일제의 「치안유지법」을 모체로 해서 구성되었다. 그래서 「국가보안법」은 일제의 잔재를 청산하지 못한 채 반공, 반통일, 반민중적 성격을 띨 수밖에 없었다.

이후에 이어진 독재정권에서도 「국가보안법」은 확대, 강화되었다.

* 1958년 11월 18일 '자유당, 「국가보안법」 개정안 국회 제출' 참조

11월의
모든 역사

11월 21일

■
■
■

—

1928년 11월 21일

소설가 홍명희, 장편 『임꺽정』을
조선일보에 연재하다

—

소설은 그해 정월 노는 때에 대고모부의 집에서 『삼국지』한 권을
빌려다 놓고 첫 권서부터 두서너 권은 집안 노인 한 분과 같이 보
았다느니보담 배웠고, 그다음 십여 권을 나 혼자서 보았다. (⋯⋯)
그 뒤로는 길래 소설 보기에 반하여 『논어』『맹자』보다도 『동주열
국전』『서한연의』등속을 탐독하게 되었던 것이다.

—홍명희, 「자서전」, 『삼천리』 1929년 6월호

영어 'Index'는 보통 '색인索引'이라는 말로 번역되는데, 이 말은 본래 '금서禁書'를 의미했다. 로마 교황청에서 '금서 목록'을 지정하면 수도사들은 금지된 그 책들만을 목록이 닳도록 찾아 읽어 여기서 '색인index'이란 말이 유래되었다. 이탈리아의 기호학자 움베르토 에코가 쓴『장미의 이름』에 그런 장면들이 등장한다.

한때 우리에게도 '금서'가 기승을 부리던 시절이 있었다. 김지하의『오적』, 리영희의『우상과 이성』, 박노해의『노동의 새벽』등이 모두 재갈이 물린 책들이었다. 하지만 금서하면 뭐니 해도 홍명희의『임꺽정』을 떠올리지 않을 수 없다.

이광수 · 최남선과 함께 조선의 3대 천재로 꼽혔던 벽초 홍명희는 1888년 충북 괴산에서 홍범식의 장남으로 태어났다. 11세 때부터 책읽기에 몰두한 그는『논어』『맹자』보다도『열국지』같은 책들을 더욱 즐겨 읽었다.

1902년 홍명희는 서울의 중교의숙에 입학해 수학 등 신학문에 눈을 뜨기 시작했다. 졸업 후에는 동경으로 유학을 떠나 다이세이중학 3학년에 편입했다. 홍명희는 이때 서양과 일본의 문학 작품들을 주로 읽었는데, 영국 시인 바이런에 푹 빠져 그의 작품「카인」의 음을 따 '가인'이라는 호를 짓기도 했다.

1910년 '한일합병'을 당해 급거 귀국했으나 금산군수로 있던 아버지는 비분 끝에 자결하였다. 이는 그의 삶에 커다란 영향을 끼쳤다. 아버지의 삼년상을 마친 홍명희는 1912년 정인보와 함께 중국으로 떠나 만주를 거쳐 상하이 등 각지를 유랑했다. 이 과정에서 신채호와 안재홍 등을 만나 친분을 나누기도 하였다.

1918년 방랑을 끝내고 다시 국내로 돌아온 그는 이듬해 '3 · 1 운동'

이 일어나자 괴산에서 만세운동을 이끌었다. 그것이 아버지의 정신을 제대로 계승하는 것이었다. 하지만 곧 검거되어 1년여 동안 감옥에서 고생하였다.

이후 1924년 「동아일보」의 주필과 편집국장으로 재직하다 이듬해 「시대일보」로 옮겨 사장을 맡았다. 1927년 좌우익 세력이 힘을 합쳐 신간회를 결성하자 이때 27인의 발기인으로 참여하였다.

신간회 활동에 분주하던 가운데 홍명희는 1928년 11월 21일 드디어 잠자고 있던 문학적 재능을 활화산처럼 폭발시켰다. 「조선일보」에 장편 역사소설 『임꺽정』의 연재를 시작한 것이다. 이것은 표현 면에서 뿐만 아니라 내용적으로도 한국 근대역사소설사에서 기념비적인 작품으로 꼽히고 있다.

홍명희는 『임꺽정』에서 장길산, 홍길동과 함께 조선의 3대 도적으로 이름난 임꺽정을 중심으로 다양한 신분의 하층민들을 등장시켜 이들의 아픔과 사회모순을 절절하게 그렸다. 이 때문에 민중성과 사실성에서 아주 탁월한 작품으로 평가받는다.

또한 '우리말의 보고이자 대해大海'라는 표현처럼 『임꺽정』은 가히 아름답고 순수한 우리말의 향연장이었다. 저녁이라 하기에는 늦고 한밤중이라 하기에는 좀 이른 그런 애매한 때를 표현한 '밤저녁', 평소 얄미운 사람이 봉변을 당해 고소함을 느낄 때 사용하는 '잘코사니', 서로 너니 나니 부르며 허물없이 지내는 의미의 '너나들이', 어떤 하나의 행동이 주위로 잇달아 번져나가는 '장기튀김', 가게 앞에서 지나가는 사람을 끌어들이는, 지금은 흔히 '삐끼'로 통하는 '여리꾼' 등 일일이 헤아릴 수 없을 정도로 무수히 많다.

한편 홍명희는 마치 오늘날 호적법의 개정을 훈수라도 두듯이 『임꺽정』에서 작중 인물의 말을 빌려 부모의 성을 모두 갖자고 주장하였다. 실제로 고은광순, 오한숙희, 조한혜정, 김신명숙씨 등은 현재 부모의 성을 모두 사용하고 있다. 이런 부모 성 함께 쓰기는 분명 양성 평등에 대한 국민들의 인식을 높여 준 것이 사실이다. 반면에 비아냥과 조롱, 야유, 비난 등도 많았다. 그러니 이보다 70~80년 전에 이런 생각을 할 수 있다면 그것은 굉장히 선구자적인 의식이었다.

일제 말에 홍명희는 협박과 회유를 피하기 위해 창작도 포기하고 침묵의 생활을 고수했다. 하지만 광복 이후 조선문학가동맹 중앙집행위원장을 맡는 등 정치의 소용돌이에 휩쓸리고 말았다. 1948년 김구와 함께 남북연석회의에 참가 차 평양에 갔던 홍명희는 회의가 끝난 후 북한에 그대로 남았다.

이후 부수상이라는 고위직에 임명되기도 해 그의 이름과 『임꺽정』은 오랫동안 우리 사회에서 금지어가 되었다. 하지만 남북 간에 온기가 흐르기 시작하면서 그의 작품도 어둠의 긴 터널을 빠져나와 스테디셀러로 자리 잡고 있다.

—

1897년 11월 21일

독립문 기공식 거행

—

1896년 7월 서재필의 주도로 독립협회가 만들어졌다. 그리고 이듬해인 1897년 11월 21일 독립협회는 대한제국의 영구 독립을 선언하기 위하여 전 국민을 상대로 모금 운동을 하여 청나리 시신을 영접하던 영은문 자리에 독립문을 세워 준공하였다. 이로써 독립문이 조선 백성들에게 독립을 상징하게 되었다.

창건 당시의 면적은 2,800㎡였고, 총공사비는 당시 화폐로 3,825원이 들었다. 독일공사관의 스위스인 기사가 설계를 하였는데, 서재필이 프랑스의 에투알 개선문을 본떠서 스케치한 것을 바탕으로 하였다.

재료는 주로 화강암을 사용하였고, 구조는 중앙에 홍예문을 두고 왼쪽 내부에서 정상으로 통하는 돌층계를 만들었다. 문 앞에는 옛 영은문의 주초柱礎였던 두 돌기둥을 세웠다.

공역工役은 건축기사 심의석이 맡았으며 노역은 주로 중국인 노무자들을 고용하였다.

1979년에 성산대로를 개설하면서 원래 독립문이 있던 자리에서 북서쪽으로 70m 떨어진 곳으로 옮겨 복원하였다.

1963년 1월 21일에 사적 제32호로 지정되었다.

* 1896년 7월 2일 '서재필, 독립협회를 결성하다' 참조
* 1898년 10월 29일 '독립협회, 만민공동회 개최' 참조

1946년 11월 21일

경성부, 서울특별시로 승격

서울 천도 553주년 기념일이었던 1946년 11월 21일 오전 10시, 당시의 서울중학(현 경희궁지) 강당에서 군정장관이 서울특별시장에게 새 헌장을 수여하는 행사가 있었다. 이로써 경기도 관할 하에 있는 한 개의 시(부)에 불과했던 경성부가 서울특별시로 승격하였다.

이는 1946년 8월 15일 광복 1주년에 맞춘 미 군정의 선물이었다. 군
정장관은 8월 14일 '특별발표'를 통해 서울은 고유의 헌장을 가진 자치
정부가 된다고 발표하였고, 미국의 샌프란시스코 시 헌장을 모델로 해
서 서울특별시 헌장까지 만들었다.

그러나 헌장에 규정된 내용은 실현되지 못하고 특별시라는 명칭만
계승되어 오늘에 이르고 있다.

—

1968년 11월 21일

주민등록증 발급 시작

—

주민등록증의 원조는 조선시대 호패제도라 할 수 있으며, 한국전쟁
후에는 도민증이라는 것이 있었다. 이후 1962년 1월 기류법이 제정돼
전국적으로 통일된 신분증명 제도가 마련되었다. 그리고 같은 해 최초
의 주민등록법이 제정되었다.

1968년 5월에는 주민등록법을 개정하여, 병역사항과 특수기술사항
을 신고사항으로 규정한 주민등록증 제도를 도입한 뒤 그해 11월 21일
부터 발급을 시작하였다.

주민등록증은 만 18세 이상의 모든 성인에게 발급되었다. 또한 처음
으로 전 국민에게 12자리의 주민등록번호가 부여되고 주거지에 대한
기록이 명시되게 되어 행정의 능률화를 이룰 수 있게 되었다.

11월의
모든 역사

11월 22일

■
·
■

1916년 11월 22일

작곡가 홍난파, 『통속창가집』을 간행하다

울밑에 선 봉선화야 네 모양이 처량하다.

길고 긴 날 여름철에 아름답게 꽃필 적에

어여쁘신 아가씨들 너를 반겨 놀았도다.

-홍난파, 「봉선화」

"아침 바람 찬바람에 울고 가는 저 기러기……."

우리나라 부모들이 아이를 키우면서 한번쯤은 들려 주었을 노래이다. 하지만 이 노래가 우리의 전래동요가 아니라 전형적인 일본 동요임을 알고 있는 사람은 얼마나 될까?

더욱 놀라운 것은 「고향의 봄」이나 「봉선화」 같은 범국민적 노래를 작곡한 홍난파가 친일파의 대부였다는 사실이다. 그는 한때 모두가 민족지사처럼 알고 숭배하던 인물이었다. 독립기념관을 지으면서 일본의 자재를 수입해 사용했다는 것처럼 많은 충격을 안겨 준다. 우리는 대체 그동안 얼마나 속고 살아왔던 것일까?

홍난파는 1898년 경기도 화성에서 홍준의 차남으로 태어났다. 본래 이름은 영후이지만 율곡이나 퇴계처럼 호로 사용한 난파가 이름보다 더 널리 알려졌다. 1913년 홍난파는 근대 이후 최초의 전문음악기관인 조선정악전습소 서양악과에 다니면서 본격적으로 바이올린을 배웠다. 그는 틈나는 대로 바이올린 독주회를 열어 청중들의 많은 사랑을 받았다.

졸업 후인 1916년에는 이곳에 서양악과 교사로 임명되어 2년 동안 근무하면서 따로 음악강습소를 차려 음악의 원리, 음계연습, 유행 창가 등을 가르쳤다. 그리고 1916년 11월 22일 그는 이들 교육에 필요한 자료로 『통속창가집』을 간행하였다. 여기에는 홍난파 최초의 곡으로 추정되는 행진곡풍의 「야구전」이 수록되어 사료적 가치가 더욱 크다.

음악에 대한 열정으로 불타던 홍난파는 1918년 일본으로 건너가 동경음악학교에 들어갔다. 다재다능했던 그는 음악 공부에 몰두하면서도 음악 · 미술 · 문학을 주체로 한 잡지 『삼광』을 출판해 직접 시와 소설을 쓰기도 하였다.

하지만 '3 · 1 운동'에 앞서 동경에서 '2 · 8 선언'이 발표되자 학업을 멈추고 국내로 돌아왔다. 귀국 후 그는 「대한매일신보」 기자로 활동하는 한편 연주와 작곡, 평론, 지휘, 글쓰기 등으로 바쁘게 뛰어다녔다. 그리하여 그간 틈틈이 써왔던 단편들을 모아 1921년 『처녀혼』을 발표하였다. 바로 이 책의 앞머리에 「애수」라는 노래의 악보가 실렸는데, 이것이 훗날 김형준이 가사를 붙이는 「봉선화」였다.

홍난파가 그의 전공인 음악보다도 외국 소설의 번역이나 창작 등 문학에 오히려 더 관심을 보이자 「논개」로 유명한 수주 변영로는 이를 크게 꾸짖었다.

"너는 음악이나 잘하면 되었지 무슨 문학까지 하고 그러는가. 두 가지 예
 술로 대성한 천재가 누군가?"

홍난파는 이 뜨끔한 충고에 1924년 이후로는 다시 음악 쪽에만 전념하였다. 1926년 그는 다시 일본으로 건너가 동경고등음악학원에서 수학한 후 여러 활동을 하다가 1931년 미국 시카고로 유학을 떠났다. 그는 셔우드 음악학교에서 많은 고생을 하며 2년간 작곡과 바이올린 이론을 배웠다.

1933년 유학을 끝내고 귀국한 홍난파는 곧 경성보육학교의 교수로 취임하고, 홍성유 · 이영세와 함께 '난파 트리오'를 조직하여 발표회를 갖기도 하는 등 활발하게 움직였다.

흥미로운 것은 '유행가의 미화'를 위한 취지 아래 빅타 레코드에 들어가 나소운이란 예명으로 「인생은 삼십부터」 등 30여 곡의 유행가를 작곡했다는 점이다. 하지만 히트작은 하나도 생산하지 못해 동요 등에서의 홍난파의 성공과는 대비를 이루었다. 어쩌면 나소운이란 예명을

사용한 것도 유행가 작곡에 대해선 자신감이 부족해서였는지도 모른다.

서양음악을 통해 민족의 힘을 키우려는 이른바 민족개량운동의 차원에서 펼쳐졌던 홍난파의 음악 활동은 1937년 7월 이후부터 친일이란 흉칙한 옷으로 갈아입기 시작했다. 그해 9월 조선총독부와 조선문예회가 '시국가요 발표회'를 개최하자, 그는 최남선이 작사한 「정의의 개가」에 곡을 붙여 친일가요를 발표했다.

1938년에는 친일단체인 대동민우회에 가입해 활동하는 한편 경성방송 관현악단에서 '일본의 제2국가國歌'로 알려진 「애국행진곡」과 「태평양행진곡」 등 반민족적 노래들을 지휘하였다. 그뿐만 아니라 1940년에는 「지나사변과 음악」 같은 노골적인 친일 글을 「매일신보」에 발표하기도 하는 등 허다한 친일행적을 일삼았다.

독일에 슈베르트가 있고, 미국에 포스터가 있다면 우리나라에는 홍난파가 있다고 할 만큼 홍난파는 분명 양악사의 우뚝 솟은 봉우리였다. 그의 이름을 빼놓고 20세기 한국 음악사를 논한다는 것은 불가능하다. 그렇기에 그의 변절은 더욱 우리들을 슬프게 하는 것이다.

나치의 유대인 학살 현장인 아우슈비츠 수용소 입구에는 '아우슈비츠보다 더 무서운 것은 단 한 가지, 그것은 인류가 그 사실을 잊는 일이다'라고 적혀 있다. 이것이 우리가 홍난파처럼 공적도 분명한 친일파들의 행각을 마음이 쓰리더라도 되짚을 수밖에 없는 이유다.

* 1898년 4월 10일 '작곡가 홍난파 출생' 참조

—

1897년 11월 22일

명성황후의 국장이 거행되다

—

1897년 11월 22일 명성황후의 장례식이 치러졌다. 1895년 10월 8일 을미사변으로 시해된 지 2년 2개월이 지난 후였다.

을미사변으로 집권한 김홍집 내각은 시해사건이 일어나자, 이틀이나 지난 후에 시해 사실은 발표도 하지 않고 황후를 서인으로 폐위시켰다. 황후가 친당을 행사하여 황제의 총명을 막고, 매관매직한다는 것이 이유였다.

이에 태자가 반대하며 완강하게 저항하자 겨우 서인에서 빈으로 올려졌다. 시해 사실은 50여 일 후에야 공식 발표되었다.

이 사실이 알려지자 전국이 들썩거리며 민심이 개화파에게서 급속도로 멀어졌다. 11월 26일에 김홍집 내각이 폐후 조칙을 취소했지만 일본과 김홍집에 대한 민심 이반은 여전했다. 이에 김홍집 내각은 여론을 무마하기 위해 현재 동구릉 숭릉 우강에 산릉을 조성하였다.

그러나 고종과 순종이 명성황후의 명예를 회복한 후에 인산하려는 목적에서 이를 반대했기 때문에 국장이 여섯 차례나 연기되었다.

1896년 2월 11일에 아관파천이 단행되면서 고종은 김홍집 등을 '을미4적'으로 규정해 체포령을 내렸고, 결국 김홍집 내각은 무너졌다.

이후 고종은 대한제국 황제로 등극한 뒤에 명성왕후릉을 현재의 홍릉 수목원에 조성하였다.

* 1866년 3월 6일 '민치록의 딸을 왕비로 간택하다' 참조

* 1895년 10월 8일 '일본의 낭인들, 명성황후를 시해하다' 참조

—

1963년 11월 22일

영친왕 이은, 56년 만에 일본에서 귀국

—

영친왕 이은은 고종의 일곱째 아들이자 조선의 마지막 왕 순종의 이복동생이다. 1900년 영친왕으로 봉해지고 1907년 황태자로 책봉되었다. 그러나 열한 살의 나이로 그해 말 유학이라는 명분으로 일본에 인질로 잡혀가 국권 상실과 함께 왕세제로 격하되었다.

영친왕은 일본에서 철저한 일본식 교육을 받아야 했으며 1920년 4월에는 일본 황족의 딸 마사코와 정략 결혼까지 하였다. 해방 후에는 한일간의 국교가 단절되는 바람에 귀국하지 못하고 고난의 세월을 보냈다.

그러다가 1963년 11월 22일 우리나라로 돌아왔다. 이토 히로부미 조선 통감에 의해 강제로 일본에 끌려간 지 56년 만이었다.

하지만 이후 7여 년 동안 병고에 시달리다 1970년에 세상을 떠났다.

* 1920년 4월 28일 '영친왕, 도쿄에서 일본 황족과 혼인' 참조

11월의
모든 역사

11월 23일

2010년 11월 23일

연평도 포격 사건이 발생하다

평평하게 뻗친 섬이라는 데에서 유래한 연평도는 대연평도와 소연
평도로 이루어져 있다. 북서쪽으로 38선과 인접하며, 북한 해안포
진지와 불과 12km 떨어져 있다. 1960년대에는 대표적인 조기 어장
이었으나 현재는 꽃게잡이로 유명하다.

하지만 1999년 6월에 북한 어선이 계속 이곳 앞바다를 침범함으로
써 한국전쟁 이후 남한과 북한의 해군 함정이 최초로 교전을 벌였
다. 이 사건으로 연평도에서 꽃게잡이가 금지되면서 주민들이 생계
를 위협받기도 했다.

　　2010년 11월 23일 오전, 북한은 대한민국 국군과 주한 미군의 육해
공 연합 호국훈련에 대해 중단을 요청하는 전통문을 발송했다. 하지만
국방부에서는 호국훈련이 1996년 11월부터 실시된 연례적인 훈련일
뿐이라며 요청을 거절하였다.

　　그러자 북한은 호국훈련이 종료된 지 한 시간 즈음이 지난 오후 2시
34분경 개머리 해안 부근 해안포 기지로부터 76.2mm 평사포, 122mm
대구경 포, 130mm 대구경 포 등을 이용해 연평도 군부대 및 인근 민가
를 향해 포격을 시작하였다.

　　포격 도발로 인해 해병대 2명이 사망하고 16명이 중경상을 입었다.
민간인 또한 2명이 사망하고 10명이 부상당했다. 1953년 7월 휴전협정
이래 민간인을 상대로 한 최초의 대규모 군사 공격이었다.

　　이에 맞서 국군은 북의 공격이 있은 지 4분 뒤인 오후 2시 38분경에
KF-16 2대를 긴급 출격시켰고, 이후 추가로 KF-16 2대와 F-15K 4대
를 출격시켰다. 그리고 13분이 지나서는 K9 자주포를 무도 포진지에
50발, 개머리 포진지에 30발 등 총 80여 발을 발사하였다. 북한 또한
오후 3시 41분까지 계속하여 170여 발을 포격하였다.

　　연평도 포격으로 인해 정부는 긴급 안보관계 장관회의를 소집하였
다. 그리고 이틀 후인 11월 25일에 열린 안보경제 점검회의에서 이명
박 대통령은 후속조치를 다음과 같이 지시하였다.

"교전수칙을 수정하여 민간인이 공격 받을 시 더욱 강력한 대응방안을 강
　구함과 동시에 서해 5도의 군 전력을 증강하라."

11월 28일부터 12월 1일까지 국군과 주한 미군은 서해 인근 영해와

공해에서 사상 최대 규모의 연합훈련을 실시하였고, 이어 12월 20일에
는 연평도에서 사격훈련을 실시하였다.

그리고 중국을 제외한 국제사회는 민간인을 사망케 한 북한의 도발에
대해 한목소리로 규탄하였다. 하지만 오히려 북한은 남한에게 책임을
넘기며 정당한 군사적 대응이라고 주장하였다. 더군다나 김정일 사망한
이후 권력을 승계한 김정은 조선노동당 중앙군사위원회 부위원장은 연
평도를 포격한 북한 부대에게 '영웅 방어대'라는 칭호를 수여했다.

한편 북한은 앞서 1999년 6월 15일과 2002년 6월 29일 두 차례에 걸쳐
연평도 인근 해상에서 해군 경비정을 동원해 무력도발을 한 바 있었다.

* 1999년 6월 15일 '제1차 서해교전 발생' 참조
* 2002년 6월 29일 '제2차 서해교전 발생' 참조

1945년 11월 23일

신의주 학생 반공 의거 발생

1945년 11월 23일 2시를 기하여 신의주의 모든 중등학교 학생 3,500
여 명이 모여 시위를 벌였다. 이날 학생들은 호소문을 낭독한 뒤 '공산
당을 몰아내자' '소련군 물러가라' '학원 자유 쟁취하자' 등의 구호를 외
치면서 시가지 행진에 나섰다.

이에 공산당과 소련군이 학생들에게 발포하고 전차와 비행기까지 동
원하여 기총소사를 자행하였다. 그 바람에 23명이 죽고 700여 명의 부
상자가 발생하였으며 수많은 학생들이 체포 · 구속되었다. 또 많은 애

국지사와 민족 진영의 간부 및 종교인들도 이들의 궐기를 배후 조종하거나 교사하였다는 죄목으로 체포·구금되었으며, 시베리아로 끌려가기도 하였다.

신의주 시위 운동이 처음 일어난 것은 11월 18일 신의주 서쪽 약 20km 지점의 용암포에서였다. 공산당이 추진하는 인민위원회를 환영하는 군중대회가 열리던 중 학생대표의 선동으로 환영대회는 삽시간에 공산당 규탄대회로 변하면서 공산당과 충돌이 일어났던 것이다. 이 시위로 인해 사망자 1명과 부상자 11명이 발생하였다.

이 소식은 곧 신의주 학생들에게 알려졌고 이는 반소·반공을 위한 일대 시위 운동으로 번지게 되었다.

신의주 학생 의거는 일제로부터 해방된 후에도 완전한 독립을 이루지 못하고 소련 군정 하에 놓여 있던 북한에서 일어난 대표적인 학생 반소·반공 운동으로 평가받고 있다.

—

1945년 11월 23일

김구 · 김규식 등 임시정부 요인 제1진 귀국

—

1945년 11월 23일 백범 김구가 김규식 등 15명과 함께 임시정부의 제1진으로 귀국하였다. 귀국이 늦어진 것은 미 군정이 대한민국 임시정부를 인정하지 않고 임시정부 지도자들에게 개인 자격으로만 귀국을 허가하였기 때문이다.

그러나 김구가 임시정부 주석으로 귀국한 것은 엄연한 사실이었다. 이에 김구 주석이 자리 잡은 경교장에는 정당 사회단체 대표들의 인사

행렬이 줄을 이었다.

또 12월 1일에는 오세창, 권동진, 이인 등이 주선한 임시정부 환국 봉영회가 서울 운동장에서 열렸다. 그리고 제2진 19명이 돌아온 뒤인 12월 13일에는 김석황, 안재홍, 홍명희 등이 앞장선 임시정부 귀국 환영 국민대회가 열렸다.

—

1988년 11월 23일

전두환 전前 대통령, 설악산 백담사 은둔

—

1988년 11월 23일 대통령 전두환 전 대통령은 광주학살의 피해자들에게 사과하면서 연희동 저택과 139억 원에 해당하는 정치자금 잔여분을 국가에 헌납한다는 내용의 대국민 사과담화문을 발표하고 부인 이순자와 함께 설악산 백담사로 은둔했다.

당시 노태우 정부는 취임 직후에 실시한 국회의원 총선거에서 패배함으로써 맞이한 여소야대 정국에서 5공 청문회와 광주 청문회 등을 통해 수세 국면을 면치 못하고 있었다. 하지만 전두환의 백담사행行 발표로 겨우 공세 국면으로 옮겨갈 수 있었다.

그 후 전두환은 25개월 동안 백담사에 머물다가 1990년 12월 30일 연희동 자택으로 돌아왔다. 그러나 소유 재산을 국가에 헌납하겠다던 약속은 2012년 현재까지도 지키고 있지 않다.

11월의
모든 역사

11월 24일

■
∙
■

—

1361년 11월 24일

홍건적, 개경에 침입하다

—

-정몽주의 과거시험 답안지. '홍건적 퇴치법'을 적은 이 답안을 통해 정몽주는 수석합격의 영예를 안았다.

홍건적紅巾賊은 원 말기에 송나라의 유민인 한산동을 수장으로 뭉친 백련교도가 중심이 되어 봉기한 한족의 농민 반란군이다. 이들은 머리에 붉은 수건을 둘렀기 때문에 홍건적이라고 불렸다. 홍건적들은 두 차례에 걸쳐 고려에까지 침범하였다.

공민왕 8년(1359)에 모거경이 이끄는 4만여 명의 홍건적은 얼어붙은 압록강을 건너 의義·정靜·인麟·철鐵의 4주州를 함락시키고, 이어 서경을 점령하였다. 이에 고려군은 2만여 명의 병력으로 서경 탈환을 시도했다.

이때 고려군 사상자가 1,000여 명에 달했다. 그러나 홍건적은 수천 명이 전사했다. 이들은 결국 서경을 버리고 북쪽의 용강과 함종 방면으로 퇴각했다. 그 뒤 다시 추격을 당하여 대패를 당하니 압록강을 건너 도망한 홍건적은 불과 300여 명밖에 되지 않았다.

그 뒤 홍건적은 황해·평안도의 해안지대를 산발적으로 노략질하다가, 공민왕 10년(1361) 11월 24일에 다시 고려를 침공했다. 원나라의 대대적인 공세에 밀려 하북 지방으로 가는 퇴로가 차단되었기 때문이었다. 주원장이 이끄는 20만 명의 홍건적은 자비령 방어선을 돌파하는 데 성공하고 수도 개경에 육박하여 왔다.

이에 공민왕 및 왕실은 남쪽인 복주(현재의 경상북도 안동)로 대피하였다. 왕가王駕가 이천에 도착하던 날 홍건적은 개경을 함락하고 온갖 만행을 다하였다. 그러나 이들은 개경에 들어온 후 두 달간 머무르면서 더 이상 남쪽으로 내려오려고 하지는 않았다.

홍건적이 개경에서 특별한 움직임을 보이지 않는 중에 고려는 전국적으로 병력을 모집했다. 복주에 있던 공민왕은 정세운을 총사령관으로 삼았다. 이에 정세운은 동교 천수사(경기도 파주시 장단면)에서 안우,

이방실, 이여경, 최영, 이성계, 김득배 등에게 20만의 병력으로 개경을
포위하도록 지시했다.

자신들이 포위되었다는 소식을 들은 홍건적은 전의를 상실하였다.
이에 홍건적은 개경에서 도망쳐 그대로 압록강을 건너 요동으로 후퇴
했다. 고려군은 그들의 퇴로를 열어 놓은 채로 계속 추격하여 홍건적
을 괴롭혔다. 그리고 수장인 파두반을 사로잡는 성과를 거두기도 했다.

또한 이성계는 휘하의 고려인 및 여진족으로 구성된 친병 조직
2,000명을 거느리고 수도 탈환 작전을 시작했다. 그는 선봉에서 적장
들에게 직접 공격을 가하여, 마침내 홍건적의 우두머리인 사유와 관선
생을 죽였다. 이때 이성재는 수도에 제일 먼저 입성해 탈환하는 성과
를 올려 그 용맹함이 널리 알려지게 되었다.

이로써 중국 북서에서 만주 방면으로 진출한 홍건적은 두 차례에 걸
친 고려 침입에 대한 실패로 전멸 상태에 빠지게 되었다.

하지만 고려 또한 홍건적의 침입으로 막대한 피해를 입어 국운이 쇠
퇴하였다. 이는 고려 왕조의 멸망을 재촉하는 원인 가운데 하나가 되
었다.

1560년 11월 24일

임꺽정이 체포되다

1560년 11월 24일 황해도 구월산의 험준한 산간에 본거지를 만들
고, 황해도뿐만 아니라 경기도, 강원도 일대에 걸쳐서 활약했던 의적
임꺽정 일당이 체포되었다.

홍길동, 장길산과 함께 조선의 3대 도둑으로 꼽히는 임꺽정은 본래 경기도 양주의 고리백정 출신이었다. 그는 황해도로 옮겨왔다가, 신분에 따른 억압과 권세가들의 침탈에 분노해 사람들을 모아 무장했다.

마침내 남치근을 토포사로 하는 대규모 토벌군이 파견되어 조정에서 그의 이름을 알고 첫 수색을 벌인 지 약 3년 만에 체포된 뒤 사형당했다.

—

1979년 11월 24일

YWCA 위장 결혼식 사건 발생

—

1979년 10월 26일 대통령 박정희의 사망으로 유신 독재 정권이 종식되었다. 이에 국민들은 민주화의 길이 열릴 것이라고 기대하였다. 하지만 기대와는 달리 다음 날인 10월 27일 제주도를 제외한 전국에 비상계엄령이 선포되면서 민주화의 일정이 지연되었다.

그리고 11월 10일 최규하 대통령 대행이 유신헌법대로 통일주체 국민회의에서 대통령을 선출하고 그 후 민의를 모아 개헌을 한다는 담화문을 발표하였다. 이것이 재야세력들의 즉각적인 분노와 반발을 불러일으켜 각계에서 유신 철폐와 계엄령 해제, 구속자 석방 등을 요구하는 성명서 발표와 학교의 시위가 이어졌다.

이에 재야세력들은 통대선출 저지를 위한 전 국민적 단결을 촉구하기 위해 결혼식을 위장해서 국민대회를 개최하게 되었다.

11월 24일에 함석헌을 대회장으로 해서 명동 YWCA에 모인 400여 명은 '유신 철폐' '계엄령 해제' '통일주체 국민회의에 의한 대통령 선

출 중지' '거국민주내각 수립' '외세의 간섭 배격' 등을 촉구하며 가두시
위까지 벌였다.

경찰은 시위 관련자 140명을 연행 조사하여 14명을 구속하고, 10명
을 수배하였다. 이후 민주화를 염원하던 국민의 염원은 좌절되고 새로
운 군부가 출현해 1980년대 이후 더욱 암울한 시대상황을 맞이하였다.

* 1979년 10월 26일 '박정희 대통령, 김재규의 총탄에 사망하다' 참조

1949년 11월 24일

국제연합 식량농업기구 가입

1949년 11월 21일부터 미국 워싱턴에서 열린 국제연합 식량농업기
구(FAO : Food and Agriculture Organization of the United Nations) 제5차 총
회에 정부는 한표욱 주미 1등 서기관을 파견하였다.

우리나라는 이 총회를 통해 11월 24일자로 FAO 가입서를 기탁함으
로써 같은 날 회원국으로 가입하게 되었다.

FAO는 개발도상국의 기근과 빈곤을 제거하기 위해 설립된 국제연합
전문기구로, 미국 루즈벨트 대통령의 제창에 의해 개최된 식량농업회
의를 모체로 해서 1945년 10월 캐나다 퀘벡에서 발족하였다.

11월의
모든 역사

11월 25일

■
■
■

—

1501년 11월 25일

조선의 대학자 퇴계 이황이 태어나다

—

'사단'은 맹자가 인간의 본성으로 제시한 인의예지仁義禮智이고, '칠
정'은 예기에서 제시한 인간의 7가지 감정, 희노애구애오욕喜勞哀懼愛
惡欲을 말한다.

사단칠정론의 핵심은 인간의 본성을 밝히고자 하는 것이다. 이황은
'이기이원론理氣二元論'에 입각하여, 사단은 도심(道心=理)이고, 칠정
은 인심(人心=氣)이기 때문에 사단과 칠정은 둘로 나누어야 한다고
주장하였다. 반면에 기대승은 '이기일원론理氣一元論'에 기초하여 사
단과 칠정은 분리할 수 없고 사단이 칠정에 포함되어야 한다고 주
장하였다.

안동하면 누구나 떠올리는 것이 '양반의 고장'이라는 이미지다. 조선 시대 유교가 크게 흥성한 이후 안동은 스스로를 '추로지향郷魯之郷'이라 일컬으며 그 자부심을 표현했다. '추로지향'이란 맹자가 살았던 추나라 와 공자가 살았던 노나라의 이름을 따서 만든 것으로 한마디로 유교의 본고장을 뜻한다.

안동이 이렇게 우리나라에서 유교의 메카처럼 인식되고 있는 데에는 퇴계 이황의 존재가 절대적이다. 그는 안동이 배출한 조선 최고의 유학 자이다. 청나라 말기의 대표적 사상가 양계초는 "아득히 높으셔라 이부 자님이시여!"라며 찬탄할 정도였다. 퇴계를 '이부자李夫子'라 부른 것은 공자를 '공부자'라 높인 데서 유래한 것이었다.

우리나라 유교계의 거목인 퇴계 이황은 1501년 11월 25일 경북 예안 에서 이식의 7남 1녀 중 막내로 태어났다. 퇴계가 태어난 지 7개월 만 에 아버지가 사망하여 그는 홀어머니 밑에서 엄격한 교육을 받으며 자 랐다.

12세에 숙부 이우에게 『논어』를 접하면서 본격적으로 유학을 배우기 시작했다. 스물셋에 서울로 올라가 성균관에서 공부를 하게 되었는데, 이때 『심경부주』를 얻어 읽었다. 이것은 마음의 수양을 위한 성현들의 생각을 적어 놓은 것으로 심학心學의 대표적인 저서였다. 하지만 내용이 너무 어려워 퇴계도 몇 달 동안 붙들고 늘어져 겨우 이해할 수 있었다. 후일 퇴계는 다음과 같이 술회하였다.

"심경을 읽고 나서 비로소 심학의 연원과 심법의 정밀함을 알았다. 이 때 문에 나는 평생 이 책을 신명처럼 믿고 엄부처럼 공경한다."

그런데 학문에 그토록 뛰어났던 퇴계도 웬일인지 과거에서는 자주 낙방하였다. 34세인 1534년에 이르러서야 드디어 문과에 급제하였다. 하지만 급제 후 1년 동안 세 등급씩이나 승진해 그 능력을 인정받았다.

이후 퇴계는 삼사의 각종 요직을 거쳐 1543년 종3품인 성균관 사성에 올랐다. 하지만 을사사화로 형 이해가 곤장을 맞고 귀양을 가다가 장독으로 죽게 되자 퇴계는 벼슬을 그만두고 고향으로 내려왔다. 그렇지 않아도 벼슬에 큰 관심이 없던 그에게 조정의 권력 다툼은 심사를 뒤틀어 놓았다.

낙동강 상류 토계에 양진암을 짓고 그곳에 들어앉은 퇴계는 1년여 동안 학문 연구에만 파묻혔다. 이때 그는 토계를 '퇴계退溪'라 고치고 자신의 호로 삼았다. 퇴계는 '물러가는 시냇물'이라는 뜻인데, '학문은 구할수록 더욱 멀어진다'는 뜻에서 지었다.

하지만 '물러날 퇴(退)'자에는 정계를 떠나겠다는 퇴계의 속셈이 그대로 배어 있다. 그렇지만 명종은 퇴계를 그냥 놔두지 않고 자꾸만 불렀다. 중앙의 문란한 정치와는 얽히기 싫었던 퇴계는 외직인 풍기군수를 지망했다.

여기서 주세붕이 세운 백운동서원에 편액과 서적, 토지 등 나라의 지원을 이끌어내 조선조 사액서원의 시초가 되었다. 소수서원이 바로 그것이다.

퇴계는 군수직을 그만두고 다시 고향에 내려와 은거하며 제자들을 가르쳤다. 그러나 그 후로도 조정의 부름에 몇 번이나 복귀와 사임을 거듭했다.

1558년에 이황은 대사성으로 다시 조정에 나온 일이 있었는데, 이때 기대승을 만나 8년에 걸쳐 그 유명한 '사단칠정 논쟁'을 벌였다. 그는 당대 최고의 성리학 권위자였지만 젊은 기대승과의 토론 자세는 지금까지 하나의 모범으로 남아 있다.

명종이 죽고 선조가 즉위하자 퇴계는 70세가 가까운 몸으로 『성학십도』를 지어 바쳤다. 이것은 성리학을 열 장의 그림과 함께 알기 쉽게 설명한 책이다. 퇴계는 주자와 같이 우주의 현상을 '이理'와 '기氣'로 나누어 보되, '이'는 '기'를 움직이게 하는 근원적인 법칙을 의미하고, '기'는 '이'에 따라 구체적으로 드러나는 존재라고 주장했다.

그러면서 '이'와 '기' 모두 사물을 능동적으로 변화시킬 수 있다는 '이기호발설'로 나아갔다. 이것은 '기'만이 오로지 발하고 '이'는 작용만 할 뿐이라는 율곡 이이의 '기발이승일도설'과 확실히 구분된다.

퇴계는 1570년 종갓집 제사에 참석했다가 감기에 걸려 자리에 눕더니 끝내 회복되지 못하였다.

하지만 그는 김성일과 유성룡 등 수많은 제자들을 남겨 그가 죽은 후에도 그의 학문은 거대한 학맥을 형성했다. 이른바 '퇴계학파'이다. 또한 도쿠가와 막부 이래로 일본 성리학의 주류인 기몬학파 등에게 깊은 영향을 미쳤다.

미국에서 유교전도사로 자처하는 두웨이밍 교수는 항상 오천 원 권 우리 화폐를 갖고 다닌다고 한다. 물론 퇴계의 초상을 보여 주기 위해서다. 이렇게 퇴계는 세계 속의 인물로 계속 그 영역을 넓혀 나가고 있다.

1939년 11월 25일

한센병 환자 요양을 위한 소록도 갱생원 완공

1939년 11월 25일 조선총독부가 계속 늘어나는 한센병 환자를 수용하기 위해 소록도에 6,000명을 수용할 수 있는 규모의 갱생원을 완공하였다.

일제는 앞서 1916년 2월 24일 전남 고흥군 도양읍 소록리에 한센병을 전문으로 치료하는 특수 병원인 자혜 의원을 설립하였다. 하지만 개원 당시 수용인원이 100명으로 전국에서 보낸 한센병 환자를 수용하는 데 역부족이었다.

이에 일제는 1935년에 조선나예방법을 공포하고 전국의 한센병 환자들을 소록도에 강제 수용한 뒤 이들을 강제노동에 동원해 요양소를 확장하였다. 이로 인해 한센병 환자들은 치료도 받지 못하고 매일 수만 장의 벽돌을 구워내야 하는 등의 중노동에 혹사당했다.

또 한센병 환자들은 전쟁 군수물자 생산에 강제 동원되는가 하면 강제로 정관수술을 받도록 하였다. 또한 신사참배 등 일본식 생활을 강요받는 등 인간 이하의 처우를 당했다.

소록도 갱생원은 해방 이후 중앙 나요양소, 국립 나병원 등으로 명칭이 변경되었다가 1982년부터 국립 소록도 병원으로 불리게 되었다.

* 1916년 2월 24일 '소록도에 자혜 의원 설립' 참조

1996년 11월 25일

조선왕조 마지막 황세손 이구 영구 귀국

대한제국 마지막 황세손 이구가 1996년 11월 25일 영구 귀국했다. 그는 대한제국 고종 황제의 왕자 영친왕의 아들로서 1931년 영친왕과 일본 왕실의 이방자 여사 사이에서 둘째 아들로 태어났다.

일본에서 태어나 미국 MIT 공대 건축과를 졸업하고 건축사 일을 하던 중 독일계 미국인 줄리아와 결혼하였다. 그는 우리나라로 돌아오고자 했으나 이승만 대통령이 구舊황실을 기피하였던 까닭에 오랫동안 귀국하지 못하였다.

1963년에야 우리나라로 돌아왔으나 1979년에 다시 일본으로 건너갔다가 1996년에야 영구 귀국한 것이다.

2005년 일본에서 지병으로 요양하던 중 74세를 일기로 사망하였다.

* 1963년 11월 22일 '영친왕 이은, 56년 만에 일본에서 귀국' 참조

11월의
모든 역사

11월 26일

—

1992년 11월 26일

신라의 승려 원측이 쓴 『해심밀경소』
진본을 발견하다

—

『해심밀경海深密經』은 불교 유가(瑜伽)학파의 근본 경전이다. '해심밀'
은 깊게 얽힌 것을 풀어 준다는 뜻에서 붙은 이름이다. 즉, 마음에
의하여 세상만사가 얽혀 있음을 중생에게 설명하기 위해 설법한
내용이다.

『해심밀경』에 대해 주석한 우리나라 승려는 원효(元曉), 원측(圓測),
경흥(憬興), 영인(靈因) 등 네 명이 있다. 이 가운데 원효가 쓴 것은
현재 서문만 남아 있다. 원측의 주석서는 마지막 제10권을 제외하
고 모두 전하여 온다. 그러나 나머지 승려의 주석서는 전하여 오지
않는다.

신라는 장기간에 걸쳐 당나라와 우호적인 관계를 유지하였기 때문에 유학도 활발하게 이루어졌다. 특히 불교가 왕성했던 시대라 승려들이 불법을 구하기 위해 당나라 유학을 떠나는 경우가 많았다. 신라 최초의 구법승으로 알려진 각덕부터 원광·자장·의상 등에 이르기까지 일일이 그 수를 헤아리기도 힘들다.

그런데 이렇게 당으로 건너갔다가 그리운 고국으로 돌아오지 못하고 당나라에 눌러앉는 일도 가끔 있었다. 『해심밀경소』의 저자 원측이 그러했다. 그를 살아 있는 부처님처럼 존경하던 측천무후가 귀국을 허락하지 않았기 때문이다.

중국 사상계에 커다란 발자취를 남긴 원측은 613년 경주 모량부에서 태어났다. 그는 15세가 되자 당에 건너가 유식학의 개척자인 법상과 승변에게 불교의 지식을 두루 배웠다. 무엇보다도 원측은 외국어에 대한 천부적인 재질로 중국어·산스크리트어 등 6개 국어에 능통하였다.

원측의 명성을 들은 당 태종은 친히 도첩을 내려 정식 승려로 삼고 장안의 원법사에 머물도록 하였다. 그러던 중 인도에 들어갔던 현장이 645년 온갖 곡절을 겪은 끝에 수많은 불경들을 손에 들고 돌아왔다. 원측이 그를 찾아가 인사를 나누자 곧바로 뜻이 통한 현장은 『유가론』 등 자신이 새로 번역한 불경들을 보여 주었다. 이에 원측은 금방 이를 이해하고 재빠르게 주석서를 만들어 신도들에게 강의하였다.

하지만 현장의 수제자로서 원측을 시기하는 규기 일파는 이를 두고 온갖 입방아를 찧어 댔다. 여기엔 원측이 변방의 신라 출신이라 무시하는 마음도 곁들여졌다. 원측에게 퍼부은 악담과 비난 중 가장 비열했던 것은 '도청설'이있다.

송나라 찬녕이 지은 『승고승전』에는 원측을 무슨 술수나 쓰는 사람

으로 묘사했다. 그러나 이 내용은 사실이라기보다는 찬녕의 편견이거
나 원측에 대한 규기 일파의 중상모략으로 해석되고 있다.

'서명사 원측법사는 현장이 규기에게 새로 번역한『성유식론』을 강의하자
몰래 문지기에게 뇌물을 주어 숨어서 듣고는 돌아가 책을 지었다. 그리고
서명사에서 종을 쳐 대중을 모으고 유식을 강의하였다.'

658년 서명사가 건립되자 태종은 원측을 그곳의 대덕으로 임명해 두
터운 신임을 보여 주었다. 원측은 이곳에서 현장이 내놓은 새로운 번역
본을 근거로『해심밀경소』『성유식론소』등 많은 글들을 저술하였다. 현
장을 도와 신역 불교가 널리 퍼질 수 있도록 그 통로를 마련한 것이다.

자연을 즐기는 걸 좋아했던 원측은 한때 서명사를 벗어나 종남산 운
제사에 머물고, 다시 그곳보다 한적한 곳에서 8년간을 거처했다. 하지
만 서명사의 승려와 신도들의 간절한 요청에 다시 돌아와 유식학을 강
의했다.

그런데 이 유식사상은 마음의 신비와 그 구조를 밝히는 것으로 철학
적 요소가 매우 강하다. 불교 자체가 본시 인간의 마음을 다루는 경향
이 강하지만 특히 유식불교는 '불교심리학'이라고 부를 만큼 마음을 심
층적으로 분석한다.

이 유식사상의 기본 경전이 바로『해심밀경海深密經』으로 '해심밀'은 긴
밀하고 깊게 얽힌 것을 푼다는 의미이다.『해심밀경』은 산스크리트어 원
본은 현재 전하지 않고 한역본과 티베트본이 남아 있다. 한역본 중에서
는 현장이 완역한『해심밀경』이 역시 그 가치를 높게 인정받고 있다.

원측이 저술한『해심밀경소』는 바로 현장이 번역한『해심밀경』에 주

석을 달아 풀이한 것이다. 하지만 유학 초기 법상과 승변에게 옛 유식 사상을 배웠던 그는 주석 과정에서도 그것을 많이 반영하였다. 이 때문에 현장의 정통을 자부하며 새로운 유식사상만을 강조하던 규기 일파와 대립할 수밖에 없었다.

또 원측은 유식학이 크게 비판하는 중관사상에 포용을 보이고, 깨달음은 아무나 할 수 없다는 규기파의 주장엔 모든 중생이 깨달음을 얻을 수 있다며 곳곳에서 부딪혔다. 규기파는 이런 원측을 매우 시기하여 이단시하였다.

『해심밀경』에 대한 주석은 원래 원측을 비롯해 여러 저서가 있었지만 현재 원측의 저서만이 유일하게 남아 널리 읽혀 왔다. 물론 진본은 아니고 티베트의 『서장대장경』 같은 곳에 내용이 실려 있는 그런 방식이었다. 그러다가 1992년 11월 26일 중국의 허난대학교 도서관에서 진본이 완형으로 발견되었다.

이렇게 원측은 유식학의 발전에 혁혁한 공을 세웠지만 규기파의 시샘으로 중국에선 별로 인기를 못 끌었다. 대신 제자들에 의해 신라나 티베트 등지로 전해져 빛을 보았다.

2012년 현재 중국 서안의 흥교사에는 현장 · 원측 · 규기의 사리탑이 나란히 모셔져 있다.

1935년 11월 26일

우리나라 최초의 목사 길선주, 뇌일혈로 사망

1919년 3 · 1 운동 당시 민족대표 33인 중 한 사람으로서 기독교를 대표하였던 길선주 목사가 평남 고창교회에서 설교를 하다가 뇌일혈로 세상을 떠났다. 1935년 11월 26일의 일이었다.

길선주는 1869년 3월 15일 평안남도 안주군에서 길봉순과 노복순의 차남으로 태어났다. 그는 7세 때부터 향리의 선비 정씨 문하에서 한학을 배웠다.

이후 선도仙道를 닦으면서 한의학을 연구하다가 시각장애를 입었다. 하지만 28세에 김종섭의 인도로 기독교로 개종하여 우리나라 최초의 목사가 되었다.

그 후 길선주는 교회 부흥 운동을 펼쳐 교회 60여 곳을 신설하고 2만 회의 설교를 통해 7만여 명을 전도하는 업적을 남겼다.

교육 사업에도 힘써 숭실학교, 숭덕학교 등을 설립했으며,『해타돈』 『말세학』『만사성취』등의 저서를 남겼다.

11월의
모든 역사

11월 27일

—

1921년 11월 27일

시인 김수영이 태어나다

—

풀이 눕는다.
비를 몰아오는 동풍에 나부껴
풀은 눕고
드디어 울었다.
날이 흐려서 더 울다가
다시 누웠다.

풀이 눕는다.
바람보다도 더 빨리 눕는다.
바람보다도 더 빨리 울고
바람보다 먼저 일어난다.

날이 흐리고 풀이 눕는다.
발목까지
발밑까지 눕는다.
바람보다 늦게 누워도
바람보다 먼저 일어나고
바람보다 늦게 울어도
바람보다 먼저 웃는다.
날이 흐리고 풀뿌리가 눕는다.

-김수영, 「풀」

1968년 6월 15일 늦은 밤, 술에 취한 한 시인이 좌석버스에 치여 급히 병원으로 옮겨졌으나 끝내 다음 날 아침 사망하고 말았다.

암울했던 시대의 문학 청년들에게 어두운 시대의 등불 역할을 했던 시인 김수영이 떠난 것이다.

신동엽과 함께 민중문학의 대표적 기수로 평가받는 김수영은 1921년 11월 27일 서울 종로구에서 김태욱의 장남으로 태어났다. 본래 할아버지 때만 해도 김포와 철원 등지에 많은 토지를 보유한 부호라 가을이면 벼를 싣고 오는 우마차들이 대문 앞에 줄을 섰다고 한다.

그러나 할아버지가 죽은 후에는 집안이 급격히 기울어졌는데, 아버지가 재산 관리에 능력이 없던 탓이었다. 그래도 김수영의 어린 시절은 찌들지 않고 유복한 편이었다. 다만 선천적으로 병약해 1934년 장티푸스에 걸려 폐렴 등으로 1년 동안 고생하기도 했다.

1941년 독자적인 삶의 기틀을 잡지 못한 아버지의 강요로 입학했던 선린상업학교를 졸업한 김수영은 일본으로 유학을 떠났다. 그러나 거기에는 자신이 사랑했던 한 여인을 찾기 위한 목적도 숨어 있었다. 이곳에서 김수영은 미즈시나 연극연구소에 들어가 연극을 배우기도 하였는데, 1943년 조선의 유학생들을 징집하려 하자 이를 피해 귀국하였다.

1945년 광복 후에는 박인환, 김기림 등을 만나 연극에서 문학으로 방향을 틀고 『예술부락』에 시 「묘정의 노래」를 발표하였다. 1946년엔 연희전문 영문과 4학년에 편입하기도 했으나 곧 중퇴하였다.

1950년 한국전쟁이 일어났을 때 김수영은 서울에 그대로 남아 있다가 북한군에게 잡혀 강제로 의용군에 입대했다. 탈출에 성공했지만 경찰에 빨갱이로 체포되어 거제도 포로수용소에 압송됐다. 그를 일생 동안 지배한 공산주의 콤플렉스는 이때의 쓰라린 체험에서 기인하였다.

1952년 포로수용소에서 석방된 후 그는 미군통역부터 「평화신문」 문화부 차장 등 여러 직업을 전전하다 1955년 마포에 정착해 양계와 번역 그리고 시를 쓰는 일에 전념하였다. 그리고 1959년에 생전의 유일한 시집인 『달나라의 장난』을 출간하였다.

서구 추종의 모더니스트에서 벗어나 김수영이 현실 비판에 적극 참여하기 시작하는 계기는 '4·19 혁명'이었다. 개인적 삶을 통해 바라보던 세계에 대한 인식이 이제 사회와 역사라는 창문으로 바라보게 되고, 자유에 대한 의지가 폭발하기 시작했던 것이다.

또한 시의 외적인 표현에 있어서도 일상어를 자주 시어로 끌어들였는데, 이것은 당시의 풍토에선 가히 혁명적이라고 할 수 있는 시도였다. 그 스스로 '산문적'이라고 명명한 이런 과감한 실험은 시의 형식적 자유를 확보하는 것이었다.

1961년 '5·16 군사정변'으로 숭고한 '4월 혁명'이 짓밟히지만 김수영은 절망하지 않고 풍자 등의 기법을 동원해 군사정권과 날을 세웠다. 4·19 이후 그에게 자유는 생명과 같은 것이었다. 그래서 '그는 왼손엔 사랑을 오른손엔 자유를 들고 있었다.'는 표현이 하나도 어색하지 않다.

그는 죽기 보름 전쯤 마지막으로 가장 아름다운 시 「풀」을 남겼다. '풀이 눕는다 비를 몰아오는 동풍에 나부껴 풀은 눕고 드디어 울었다.'로 시작하는 이 시는 핵심어인 '풀'이 민중을 상징하는 것으로 알려져 있다. 즉 「풀」이란 시는 민중의 끈질긴 생명력을 노래했다는 것이다.

이로 인해 김수영은 역사 발전의 주체를 민중으로 강하게 인식하는 1980년대 이후 '김수영 신화'라 할 만큼 많은 사람들에게 추앙을 받았다.

그런데 김수영의 작품은 미학적 완성이 떨어진다는 비판도 받는 게 사실이다. 그것은 일상어를 시어로 자주 사용한 데 따른 이유가 크다.

하지만 김수영은 아름다운 시어로 치장하는 것에서 시의 완성을 구하지 않았다. 살아 있는 양심이 시에 들어가 사람들의 심금을 울릴 때, 비로소 시가 제대로 완성된다고 보았다.

그는 2005년 「교수신문」의 설문조사에서 함석헌 · 김지하와 함께 광복 이후 학문적으로 가장 큰 영향을 미친 인물로 꼽혔다. 그가 시에서 노래한 풀처럼 당시 그가 추구했던 가치는 지금도 이렇게 강한 생명력으로 우리들을 지배하고 있는 것이다.

* 1968년 6월 16일 '시인 김수영 교통사고로 사망' 참조

—

1977년 11월 27일

권투 선수 홍수환, 프로복싱 WBA 주니어 페더급 초대 챔피언이 되다

—

1977년 11월 27일 권투 선수 홍수환이 파나마에서 치러진 WBA 주니어 페더급 챔피언 결정전에서 파나마의 신예 복서 헥토르 카라스키야를 이기고 챔피언이 되면서 4전 5기의 신화를 창조했다. 이로써 3년 전 남아공 더반에서 밴텀급 챔피언 자리에 올랐던 홍수환은 신설된 주니어 페더급의 초대 챔피언이 됨으로써 우리나라 프로복싱 사상 최초로 2체급을 석권하였다.

11전 11KO승을 자랑하는 상대 선수와의 경기는 드라마틱했다. 1회 난타전이 끝나고 2회가 시작되자 홍수환은 카라스기야의 무차별 공격을 견디지 못하고 쓰러졌다. 연달아 4번이나 쓰러졌지만 홍수환은 일어서고 또 일어섰다. 그리고 3회 공이 울리자마자 반격을 시작해 결국 48초 만에 상대 선수를 무너뜨렸다.

홍수환이 이룩한 4전 5기의 신화는 당시 산업화 과정에서 고달프게 살아가던 우리나라 국민들에게 용기와 희망을 주기에 충분했다.

—

1927년 11월 27일

조선씨름협회 창립

—

1927년 11월 27일 강낙원, 서상천, 한진희 등이 모여 '조선씨름협회'를 결성하였다. 그리고 12월 20일에 제1회 전국씨름대회를 개최하기 시작했다. 이로써 예로부터 단오 · 백중 · 추석 등의 명절에 민속놀이로 행해지던 씨름이 현대적인 운동경기로 발돋움하게 되었다.

조선씨름협회에서는 지방에 따라 왼씨름과 오른씨름이 실시되고 있던 것을 왼씨름 하나로 통일하였으며, 1941년까지 6회의 씨름대회를 열었다.

해방 이후에는 '대한씨름협회'가 결성되어 오늘에 이르도록 각종 씨름 대회를 주관하고 있다.

—

1943년 11월 27일

카이로 선언 발표

—

1943년 11월 22일부터 26일까지 이집트의 카이로에서 열린 회담에

미국 대통령 루즈벨트, 영국 총리 처칠, 중국 총통 장제스가 참석하여
대對일본전쟁 수행 협력과 전후의 영토에 대하여 의논하였다.

그리고 11월 27일에 '카이로 선언'을 발표하였다. 여기에는 태평양상
일본령 제도의 박탈, 일본이 중국에서 빼앗은 전全영토 반환, 한국의 독
립과 연합국은 일본의 무조건 항복까지 협력하여 싸울 것 등이 들어 있
었다.

이 선언은 이후 1945년 7월 포츠담선언에서도 확인, 일본의 항복에
관한 기본방침이 되었다.

11월의
모든 역사

11월 28일

.
.
.

2008년 11월 28일

존엄사를 인정하는 판결을 처음으로 내리다

환자의 치료 중단 의사는 환자가 치료에 관한 정확한 정보를 듣고
난 뒤 명시적으로 표시해야 하지만, 의식불명인 경우에는 의식이
있을 당시 현재 자신의 상태라면 어떤 의사를 표시했을 것인지를
추정해야 한다.

-서울서부지법 존엄사 인정 판결문

2008년 11월 28일, 서울서부지법 민사12부는 8개월 동안 식물인간 상태로 있던 김모 할머니의 자녀들이 세브란스 병원을 상대로 "어머니의 평소 뜻에 따라 자연스러운 사망을 위해 인공호흡기를 제거해 달라."고 청구한 소송을 받아들였다. "병원은 김씨에게 부착한 인공호흡기를 제거하라."고 판결한 것이었다. 이로써 국내에서 처음으로 자연스러운 죽음을 맞게 하는 '존엄사尊嚴死'가 법적으로 인정되었다.

김 할머니는 3년 전 남편이 심장질환으로 임종을 맞게 될 무렵 생명을 며칠 더 연장할 수 있는 기관절개술을 거부했고, 가족들에게 기계로 연명하고 싶지 않으니 소생하기 힘들 때 인공호흡기는 끼우지 말라고 이야기하였다.

그러나 재판부는 "이 판결은 적극적 안락사 및 모든 유형의 치료 중단에 관한 것이 아니고, 치료가 무의미하고 환자에게 치료 중단 의사가 있다고 보이는 경우 의사는 환자의 자기결정권에 근거한 인공호흡기 제거 요구에 응할 의무가 있다고 판단한 것이다."라고 설명했다.

따라서 환자가 의학적으로 소생 불가능하다는 근거가 있어야 하며, 무의미한 생명 연장 치료를 원하지 않는다는 환자 본인의 의사意思가 인정돼야 한다는 것이다.

이후 재판부의 판결에 따라 병원 측은 가족과의 합의로 김모 할머니에게 2009년 6월 23일 인공호흡기를 떼고 인공 영양·수액 공급만 실시했다. 그러나 인공호흡기를 뗀 후 자발 호흡으로 201일을 생존하였다. 이후 신부전증·폐부종·다발성 장기臟器 부전으로 2010년 1월 10일 78세의 나이로 사망하였다.

이에 '어디까지를 무의미한 연명 치료로 볼 것인가'라는 새로운 논란이 제기되었다.

의료계 내부에서는 연명 치료 중단을 인공호흡기와 심폐소생술만 하지 않는 것이라는 의견과 영양 및 수액 공급과 항생제 치료까지 중단하는 것이라는 의견 등이 대두되었다. 이에 따라 한국보건의료연구원은 '무의미한 연명 치료'와 관련한 범위를 다음과 같이 정리했다.

첫째, 영양 및 수액 공급과 통증 조절 등 기본 의료 행위 유지한다.

둘째, 환자가 사전에 구체적으로 심폐 소생술 및 인공호흡기를 거부했을 경우 중단이 가능하다.

셋째, 환자는 사전에 자기 뜻을 피력할 수 있고, 의학적 판단과 환자의 가치관을 고려한다.

하지만 2012년 현재에도 존엄사에 관한 논쟁은 계속되고 있다.

* 2009년 6월 23일 '세브란스 병원, 국내 최초로 존엄사 시행' 참조

1934년 11월 28일

진단학회, 『진단학보』 창간

1934년 5월 조선과 그 주변 지역 문화 연구를 목적으로 학술단체 진단학회가 창립되었다. 그리고 그해 11월 28일 학술지 『진단학보』를 창간했다. 『진단학보』는 1년에 4회 발행되었으며, 초대 편집 겸 발행인은 이병도였다. 1941년 6월 제14호로 종간하였다.

일제 하에서 한국학 연구의 주도권과 연구 성과 등 주요 자료는 모두

일본인들이 독점하고 있었다. 그래서 한국과 그 주변 문화를 연구해서 민족적 자존심과 민족의식을 일깨워 조선 문화 발전에 진력하기 위해 진단학회는 강연회 · 간담회 등의 사업을 펼쳐 큰 호응을 얻었다.

그러나 1942년 조선어학회사건으로 이윤재 · 이희승 · 이병기 등이 일본 경찰에 붙잡혀 가면서 학회 활동도 중단되었다.

1945년 해방 후『진단학보』 발행이 재개되었으며, 2012년 현재는 연 2회 발행되고 있다.

* 1934년 5월 7일 '진단학회, 창립총회 개최' 참조

―

1833년 11월 28일

창덕궁 대조전에서 화재 발생

―

1833년 11월 28일 창덕궁 내전 중 가장 으뜸가는 건물로 손꼽히는 창덕궁 대조전에 불이 나 소실되었다.

이 건물은 창덕궁 창건 때인 태종 5년(1405)에 함께 지어졌는지는 확실하지 않다. 다만 연산군 2년(1496)에 중수하였다는 기록이 있는 것으로 보아 그 이전에 지어졌음을 알 수 있다.

순조 33년(1833)에 일어난 화재 외에도 수차례에 걸쳐 소실되고 재건되었기 때문에 본 건물 자체는 물론 주변의 부속 건물들도 많은 변화를 거쳤다. 조선조 왕과 왕비가 생활하던 최고의 건물로서, 특히 서양식 가구를 갖춘 한말 궁궐의 내실 모습이 보존되어 있다는 점에서 돋보인다.

1919년 11월 28일

대한애국부인회 간부 23명 체포

대한애국부인회는 1919년 11월 평양 신양리에서 평양장로교 소속의 한영신과 평양 감리교 소속의 박승일, 이성실, 손진실, 최신덕 등이 각각의 부인회를 통합하여 결성하였다.

평양에 본부, 각 지방에 지부를 두고 배일 사상을 고취하며 독립운동 자금을 모집하는 활동을 하였다.

하지만 1919년 11월 28일 대한애국부인회 소속 간부들이 군자금 2,400여 원을 2차에 걸쳐 임시정부에 보낸 사실이 발각되어 23명의 관련자가 체포되었다.

간부들이 검거된 후 대한애국부인회는 해체되었다.

11월의
모든 역사

11월 29일

■
·
■

1987년 11월 29일

대한항공 858기가 공중 폭발하다

2003년 11월 천주교 인권위원회와 정의구현사제단은 '1987년에
발생한 대한항공 858기 폭파 사건은 조작된 것이고 정부가 폭파범
이라고 한 김현희는 가짜다.'라는 선언문을 발표하였다. 이들이 제
기한 7대 의혹은 다음과 같다.

1. 사고기가 앞바퀴 고장으로 비상동체착륙을 하는 등 기체 결함
   으로 인한 사고가 빈번했는데도 이를 조사하지 않았다.
2. 수중공명 위치탐지기를 이용한 블랙박스 수거가 가능한데도 이
   를 추진하지 않고 사고 10일 만에 현지조사단을 철수시켰다.
3. 김현희의 진술에 허점이 많은데도 물증 수집이나 증거를 확보하
   지 않은 채 그녀의 자백에만 의존했다.
4. 음독자살 시도 뒤 김현희의 위를 세척했던 의사는 그녀의 위에
   서 독극물이 검출되지 않았다며 음독설을 부인했다.
5. 김현희는 탈출하기에 충분한 시간적 여유가 있음에도 불구하고
   왜 탈출하지 않고 붙잡혔나.

6. 당시 안기부가 제시했던 사진 속 인물은 김현희가 아니라는 주장이 각종 사진자료와 취재를 통해 제기되고 있다.

7. 홍콩 여간첩 수지 김 사건처럼 안기부는 사건의 진실을 알면서도 수사과정에서 대통령 선거 국면이라는 특수한 변수를 고려것이 아닌가.

2002년 여름, 서울 광화문 앞엔 거대한 붉은 물결이 출렁거렸다. 한일월드컵에 출전한 태극전사들을 응원하기 위한 인간 파도였다. 여기엔 온통 기쁨과 환호성 그리고 신바람뿐이었다.

그런데 이보다 훨씬 앞선 1987년 6월에도 광화문 앞은 무수한 인파들로 가득 찼다. 전두환 군사독재 정권에 맞서 민주화 투쟁을 벌이던 일반 시민들이었다. 이들에게는 최루탄과 눈물, 아우성만이 난무했지만 결국 독재정권의 항복을 받아냈다.

그리하여 그해 대통령 직선이 이루어졌는데, 민주세력은 김대중과 김영삼의 분열로 잔뜩 고전했다. 여기에 KAL기 폭파라는 엄청난 사건이 터지면서 승기는 노태우에게 완전히 기울어졌다.

얼마 남지 않은 대통령 선거로 사회가 어수선하던 1987년 11월 29일 오후 2시 5분경, 이라크 바그다드를 출발한 대한항공KAL 858 여객기가 미얀마 안다만 해역 상공을 날다 갑자기 자취도 없이 사라졌다. 불과 몇 분 전만 해도 "45분 후 방콕에 도착하겠다. 비행 중 이상 없음"이라는 교신을 보내온 터였다.

하지만 비행기가 예정된 시간이 되어도 방콕에 나타나지 않자 당국은 사고로 추정하고 행방을 찾기 시작했다. 그러다가 11월 30일 대한항공 대책본부에 기체 잔해가 자기들 해안에서 발견되었다는 태국 정부의 연락이 날아들었다. 이유는 무엇인지 모르겠지만 이는 공중 폭파되었다는 의미였다.

당시 KAL기 안에는 중동에서 땀 흘려 일하다 귀국하던 건설노동자 93명과 외국인 2명, 그리고 승무원 20명 해서 도합 115명이 타고 있었다. 즉 건설 붐으로 중동까지 나가 달러를 벌어들이던 산업역군들이 승객의 대부분이었던 것이다. 안타깝게도 이들 탑승자들은 모두 사망하였다.

12월 1일 「동아일보」가 한국 입국이 금지된 일본인 2명이 애초 탑승했었다는 특종을 터뜨리면서 수사는 활기를 띠기 시작했다. 「동아일보」가 지목한 문제의 일본인은 하치야 신이치와 하치야 마유미라는 이름의 여권을 가진 두 남녀였다.

수사 결과, 이들은 11월 28일 바그다드에서 탑승한 뒤 C-4라는 고체 폭약과 PLX라는 액체 폭약을 짐칸에 실어 9시간 후 터지도록 장치하였다. 그런 후에 두 사람은 기착지인 아랍에미리트의 수도 아부다비에서 내렸고, 여기서 다시 바레인으로 가 로마를 거쳐 빈으로 도주하려고 했지만 공항에서 위조여권이 적발되었다.

그러자 담배 필터에 숨겨 둔 독약 앰플을 깨물어 신이치는 현장에서 즉사하고 마유미는 실패하여 바레인 경찰에 체포되었다. 그 후 우리나라 정부의 요청으로 마유미는 12월 15일 한국에 인도되었다.

처음에 일본어와 중국어를 번갈아 사용하며 중국인 행세를 하던 그녀는 일주일 정도 지나자 드디어 범행을 자백하기 시작했다. 그녀는 자신의 본명이 김현희이고 김정일의 친필 공작령에 따라 서울올림픽 개최를 방해하기 위해 이 사건을 저질렀다고 밝혔다. 자살한 남자는 김현희와 부녀지간으로 위장한 북한 공작원 김승일이었다.

이제 문제는 그녀에 대한 처리였는데, 결국 사건 발생 3년 만인 1990년 3월 대법원에서 사형을 선고받았다. 하지만 무려 115명의 목숨을 앗아간 이 살인범은 대통령 특사로 풀려나 자유인이 되었다. 오히려 그 뛰어난 미모로 인해 스타가 되었다. "작은 도둑은 잡히고 큰 도둑은 제후가 된다."는 말이 딱 그 격이었다.

KAL기 폭파 사건은 이렇게 북한의 지령을 받은 특수공작원 김현희와 김승일이 서울올림픽을 방해하기 위해 저지른 '폭탄 테러'로 최종 정리되었다. 여기에 대해 사건의 진실을 의심하는 사람은 거의 없었다.

하지만 전 감사원 직원이었던 현준희가 2001년 『내외저널』 창간호에 '대한항공 폭파 사건의 12가지 의혹'이란 글을 기고하면서 본격적으로 의혹의 불씨가 댕겨졌다. 그는 사고기 잔해에서 화약 잔재 등 폭발 흔적이 발견되지 않았으며 김현희의 어린 시절 사진과 현재의 귀 모양이 다르다고 주장하였다.

무엇보다도 이 사건에 조작설이 제기되는 정황적 근거는 그해 12월 16일 치러진 대통령 선거이다. 당시만 해도 '레드 콤플렉스(공산주의 혐오증)'가 사회 전반에 흐르고 있어서 이것을 자극하면 득표에 커다란 도움이 되던 때였다. 사건이 터진 시기도 그렇지만 김현희를 바레인에서 한국으로 압송한 12월 15일은 하필 선거 전날이었다. 이 장면이 텔레비전으로 생중계되자 국민들의 안보 불안이 자극된 것은 두말할 필요도 없었다.

이런 이유로 2005년 국정원 과거사진실위원회와 2007년 진실·화해를 위한 과거사정리위원회가 잇따라 재조사를 벌였지만 또다시 "김현희가 진범이다."라는 결론이 나왔다.

하지만 2012년 현재도 대한항공 858기의 유족들은 김현희가 범인이 아니라고 주장하고 있다. 진실이 무엇이든 이는 분단이 낳은 비극임에 틀림없다.

* 1990년 3월 27일 '대한항공기 폭파범 김현희, 사형 확정 선고' 참조

1954년 11월 29일

국회, 개헌안 부결을 번복하고
사사오입 통과 선언

1954년 11월 29일 국회에서 집권당인 자유당이 사사오입이라는 기묘한 논리를 적용시켜 정족수 미달의 헌법개정안을 불법 통과시켰다.

사사오입 개헌은 이승만이 계속 중임하기 위하여 국민투표제 신설, 초대 대통령의 3선 금지 조항 삭제, 국무총리제 폐지, 국무원에 대한 연대책임제 폐지, 개별 국무원에 대한 불신임 인정, 부통령에게 대통령 지위 승계권 부여 등을 주된 내용으로 하는 헌법개정안을 마련하면서 비롯되었다.

앞서 11월 27일 이 개정안에 대한 비밀투표가 실시되었다. 재적인원 203명 중에 202명이 재석하였고, 표결 결과 재석인원 202명, 찬성 135표, 반대 60표, 기권 7표가 나왔다. 이는 헌법 개정에 필요한 의결정족수인 재적인원 203명의 3분의 2인 136표에 1표가 부족한 135표 찬성이므로 부결된 것이었다.

그러나 11월 28일 자유당 의원총회에서 '재적의원 203명의 3분의 2선은 사사오입하여 135명이면 된다.'며 전날의 부결 선포를 번복하였다. 그리고 야당의원이 퇴장한 가운데 번복 가결 동의안을 상정하고, 재석인원 125명 중 김두한과 민관식을 제외한 123명의 동의로 통과시켰다. 국회는 곧바로 개정헌법을 정부로 이송하고 정부가 당일 공포함으로써 이 헌법은 효력을 발생하였다.

이 헌법 개정은 절차상으로도 정족수에 미달한 위헌적인 개헌이었고, 실질적으로도 초대 대통령에 한하여 중임 제한을 철폐한다는 점에서 평등의 원칙에 위배되는 위헌 무효의 헌법 개정이었다.

1968년 11월 29일

서울전차 퇴역식 거행

1968년 11월 29일 밤 8시 12분, 승객 40여 명을 태우고 청량리에서 동대문으로 달려온 303호를 마지막으로 전차가 자취를 감추게 되었다.

앞선 1898년 12월 25일에 왕실의 왕릉 참배를 위해 광화문부터 홍릉 구간을 처음 달린 이후 70년 만의 일이었다.

서울시는 당초 전차의 전면운행 정지를 11월 30일 밤 12시로 잡았었는데, 사후대책에 불만을 품은 종업원들이 반발하면서 농성을 벌이는 바람에 하루 앞당겨서 운휴 조치를 단행하게 되었다.

서울시는 전차 재산을 매각해서 전철 건설자금으로 썼다.

1920년 11월 29일

독립운동가 강우규, 서대문형무소에서 순국

단두대 위에 홀로 서니 봄바람이 감도는구나.

몸은 있어도 나라가 없으니 어찌 감상이 없으리오.

-강우규가 사형 집행 순간에 읊은 시

강우규는 1855년 평안남도 덕천에서 태어났다. 그는 1919년 3·1 독립 운동에 호응하여 만주, 노령 등지에서 만세 시위를 전개하였다.

그해 5월에는 노령의 노인동맹단에 참가하여 노인단을 대표하여 조선총독을 폭살시킬 계획을 품고 폭탄을 구입하였다. 이후 허형과 함께 원산을 거쳐 8월 5일 목적지인 서울에 도착하였다.

강우규는 안국동 김종호의 집에서 숙식하면서 신임 조선총독 사이토 마코토의 사진과 부임 정보를 입수하였다.

그리고 마침내 9월 2일 남대문 정거장에 나가 신임 총독 일행이 마차를 타려는 순간 폭탄을 투척하였다. 비록 사이토 총독을 죽이는 데에는 실패하였지만, 일본 경찰 37명이 사망하거나 부상당하였다.

하지만 9월 17일 사직동에서 붙잡혔고 그해 11월 29일 서대문형무소에서 순국하였다.

1962년에 건국훈장 대한민국장이 추서되었다.

11월의
모든 역사

11월 30일

■
■
■

1905년 11월 30일

시종무관장 민영환이 자결하다

"아! 나라의 수치와 민족의 욕됨이 이에 이르렀으니 우리 민족은 장차 생존경쟁 속에서 멸망하리라. (……) 영환은 죽음으로써 황은에 보답하고 2,000만 동포에게 사죄하노라. 그러나 영환은 죽어도 죽지 않고 저승에서라도 동포들을 기어이 도우리니 바라건대 우리 동포들은 천만 배 더욱 기운을 떨쳐 뜻을 굳게 하고, 학문에 힘쓰며, 한 마음으로 힘을 다해 우리의 자주독립을 회복하면 죽은 몸도 마땅히 저 세상에서 기뻐 웃으리라. 아! 조금도 실망하지 말지어다. 우리 대한제국 2,000만 동포에게 마지막으로 이별을 고하노라."

-민영환의 유서

한국 전쟁 때 당시 미 8군사령관 밴 플리트의 아들은 야간 폭격 임무를 수행하다 전사하였다. 중국 마오쩌둥의 아들도 한국 전쟁에 참여했다가 사망하였지만 마오쩌둥은 아들의 시신 수습을 포기하였다. 사회적으로 높은 신분일수록 더 많은 도덕적 의무를 져야 한다는 이른바 '노블레스 오블리주Noblesse Oblige'의 현대적 사례들이다.

우리나라의 고위층들은 특권만 누릴 뿐 의무엔 눈을 흘긴다는 비판과 비교된다. 하지만 1905년 을사늑약에 분노해 자살로 저항한 민영환 같은 사람도 있었다.

을사늑약의 부당함을 죽음으로써 천하에 널리 알린 민영환은 1861년 서울에서 민겸호의 아들로 태어났다. 그의 젊은 시절 조정은 온통 민씨들의 발길로 가득 차 마치 '그들만을 위한 세상'일 정도였다.

이에 황현은 『매천야록』에서 '밖으로는 방백과 수령에 이르기까지 기름진 자리는 민씨 아니면 민씨의 사돈들이 모두 차지하였다.'라고 꼬집었다.

민영환은 1878년 18세의 젊은 나이로 과거에 급제하면서 그 능력을 인정받았다. 그저 잘 태어난 복만 갖고 그가 출세한 것만은 아니라는 걸 말해 준다. 그러나 그 이후 벌어지는 눈부신 승승장구는 민씨라는 배경이 없으면 절대 설명이 불가능하다.

벼슬길에 오른 지 불과 3년 만인 1881년에는 동부승지, 그 이듬해에는 성균관 대사성에 발탁되었다. 임오군란으로 생부 민겸호가 죽자 벼슬에서 물러났다가 1884년 다시 이조참의로 복귀했다. 그 후 도승지 등을 거쳐 1887년 호조판서, 이듬해엔 병조판서로 승진하였다.

하지만 그에게는 재물과 관련한 주문이 나돌았다. 황현은 그를 당시 가장 부패가 심했던 민씨 척족 중의 하나로 꼽았고, 전봉준의 신문 기록에는 그가 부정부패의 주역으로 지목되었다. 아마 그의 삶이 여기서 끝났더라면 그는 단지 재주는 있으나 부패한 인물로 인식되었을 것이다. 하지만 이후 그가 걸어간 삶의 궤적들이 그것을 '옥의 티' 정도로 면죄부를 주고 있다.

병조판서 이후에도 여러 요직을 역임하던 민영환은 1895년 주미전권공사에 임명되어 미국에 부임하기만을 기다리고 있었다. 하지만 그해 일제의 만행으로 명성황후가 무참히 시해되자 부임을 취소하고 사직하였다.

고종은 능력이 출중하던 그를 놔두지 않고 다시 이듬해에 러시아 황제 대관식에 특명전권공사로 파견하였다. 이때 민영환은 중국 · 일본 · 캐나다 · 미국 · 영국 · 네덜란드 · 독일 · 폴란드를 거쳐 러시아에 도착했다. 업무를 마친 후에는 시베리아를 횡단하여 귀국하니 실로 세계를 일주한 것이었다. 이렇게 민영환은 세계 각지를 두루 거치는 가운데 서구문명에 대한 이해와 식견을 높이게 되었다.

1897년에는 영국과 독일 등 6개국 특명전권공사로 임명되어 영국 빅토리아 여왕의 즉위 60주년 기념식에도 다녀왔다. 이런 두 차례의 해외여행으로 서구의 근대화와 신문물에 익숙해진 그는 정치제도의 개혁과 민권신장을 부르짖었지만 원수부 설치라는 군사제도의 개편만을 관철시켰다. 독립협회가 창립되었을 때는 그 취지에 동의하여 적극 후원하다가 민씨 일파의 미움을 사 파직을 당하기도 했다.

그 뒤 다시 관직에 기용되었지만 날로 강화되는 조정 내 친일세력과 부딪히다가 한직인 시종무관장으로 밀려났다.

그러다가 마침내 1905년 일제가 야수의 발톱을 드러내 '을사늑약'을 체결하자 조병세와 함께 늑약에 찬성한 을사오적의 처형과 조약의 파기를 고종에게 요구하였다. 일제 헌병에 의해 조병세가 구금되자 자신의 주동으로 다시 두 차례나 상소를 올리며 궁궐을 떠나지 않았다. 이또한 일제의 방해로 실패하여 육의전에 모여 앞으로의 항쟁을 논의하던 중, 이미 대세가 기울어졌음을 깨달았다. 이에 그는 이완식의 집으로 가 국민과 고종, 외국사절들 앞으로 유서를 남긴 채 비수를 사용해 자결하였다. 1905년 11월 30일의 일이었다.

그가 자결하고 8개월이 지나 피 묻은 옷을 간직한 방에선 푸른 대나무가 솟아올랐다고 한다. 민영환의 피를 먹고 자랐다 해서 '혈죽血竹'이라 부르는데, 잎사귀의 수가 민영환의 나이와 같은 45개라 더욱 신비감을 부채질했다.

후일에 안중근은 민영환의 자결을 소극적인 항거라며 낮게 평가하기도 했다. 어쩌면 그렇게 볼 수도 있다. 하지만 을사오적과 같은 매국노들을 생각한다면 자결을 통한 그의 의로움은 우리의 심금을 울리기에 충분하다. 혈죽은 그래서 당시 국민들에겐 사실 그 이상의 의미가 있었던 것이다.

* 1895년 10월 8일 '일본의 낭인들, 명성황후를 시해하다' 참조
* 1905년 11월 17일 '을사늑약이 강제로 체결되다' 참조
* 1910년 9월 10일 '매천 황현, 스스로 목숨을 끊다' 참조

1963년 11월 30일

「조선일보」, 제1회 청룡영화상 개최

「조선일보」가 1962년 대종상이 제정된 다음 해인 1963년 11월 30일 청룡영화상을 마련하고 서울시민회관 대강당에서 제1회 시상식을 거행하였다.

제1회 수상작으로는, 김수용 감독의 「혈맥」이 작품상을 수상했고 남 · 여주연상에는 김승호와 황정순이 선정됐다. 「돌아오지 않는 해병」은 이만희 감독의 감독상 수상과 함께 출연진 전원이 특별상인 집단연기상을 수상하는 영광을 안기도 했다.

하지만 청룡영화상은 1973년 영화법 개정과 쿼터제 도입 등의 영향을 받아 우리나라 영화가 침체되면서 중단되었다.

그러다가 17년 만인 1990년 「스포츠조선」의 주최와 「조선일보」의 후원으로 재개되었다.

1926년 11월 30일

사단법인 경성방송국 설립

경성방송국이 1926년 11월 30일 조선총독부로부터 방송 무선전화시설의 인가를 받아 설립되었다. 그리고 이듬해인 1927년 2월 16일 호출부호 JODK, 출력 1kW, 주파수 690kHz로 본 방송을 개시했다.

한국방송공사KBS의 전신이라 할 수 있는 경성방송국은 초창기 단일

채널을 통한 한일 양국어의 혼합 방송을 실시하였는데, 주로 일본어 중심이었다.

경성방송국의 운영을 맡은 이사회는 11명으로 구성되었는데, 한국인이 3명, 일본인이 8명이었다. 이사장은 일본인 중에서 한 사람을 추천하여 총독부 체신국장의 승인을 받아 임명하도록 되어 있었다.

명목상으로는 민영사업으로 출발했지만 실질적으로는 반관반민半官半民의 성격을 띤 사단법인체로서 방송국의 설립과 운영에 난관이 많았다.

경성방송국의 공식 총자산액은 40만 원이었고 출자방법은 출자금, 기부금, 청취료 및 그 밖의 잡수입으로 되어 있었다. 이렇게 처음부터 영세한 자금과 청취료 수입에만 의존하고 설립된 까닭에 개국 당시에 이미 30여 만 원의 부채가 있었다.

등기를 마친 사단법인 경성방송국은 이왕직으로부터 대지 190평을 빌려 1926년 7월 경성부 정동 1번지 언덕에 경성방송국 건물을 기공하고 같은 해 12월 24일 준공하였다.

* 1979년 4월 2일 '한국방송공사, 제1FM 음악 방송 시작' 참조

—

1991년 11월 30일

통일교 문선명 교주, 평양 방문

—

1991년 11월 30일 통일교의 문선명 교주가 중국 베이징을 거쳐 평양에 도착하였다. 모두 9명으로 구성된 일행은 약 1주일간 북한에 체류하며 김일성 주석과도 면담을 가졌다.

통일교 측 대표로는 문 교주의 부인 한학자와 박보희 세계일보사 사장 부부가 참석했으며, 북한 측에서는 김달현 대외경제위원장과 윤기복 조평통부위원장 등이 배석하였다.

이 면담은 12월 6일 함경남도 함흥에 있는 주석궁에서 2시간 반 가량 이루어졌다. 면담에서는 이산가족 상봉 및 북한경제 지원문제 등이 논의되었다.

11월의 모든 역사 _한국사

초판 1쇄 인쇄 2012년 11월 1일
초판 1쇄 발행 2012년 11월 5일

지은이 이종하

펴낸이 김연홍
펴낸곳 디오네

출판등록 2004년 3월 18일 제313-2004-00071호
주소 121-865 서울시 마포구 연남동 224-57
전화 02-334-7147　**팩스** 02-334-2068
주문처 아라크네 02-334-3887

ISBN 978-89-98241-02-5 03900